阳飞扬 ／ 著

创办你的企业

北京燕山出版社

图书在版编目（CIP）数据

创办你的企业 / 阳飞扬著 . -- 北京：北京燕山出
版社，2022.11
ISBN 978-7-5402-6649-3

Ⅰ . ①创… Ⅱ . ①阳… Ⅲ . ①创业 – 研究 Ⅳ .
① F241.4

中国版本图书馆 CIP 数据核字（2022）第 180566 号

书　　　名	创办你的企业
作　　　者	阳飞扬
责任编辑	王　涛
封面设计	韩　立
出版发行	北京燕山出版社有限公司
社　　　址	北京市丰台区东铁匠营苇子坑 138 号嘉城商务中心 C 座
邮　　　编	100079
电话传真	86-10-65240430（总编室）
印　　　刷	德富泰（唐山）印务有限公司
开　　　本	880mm×1230mm　1/32
字　　　数	180 千字
印　　　张	8
版　　　次	2022 年 11 月第 1 版
印　　　次	2022 年 11 月第 1 次印刷
定　　　价	38.00 元

发 行 部：（010）58815874
传　　真：（010）58815857

如果发现印装质量问题，影响阅读，请与印刷厂联系调换。

　　创办企业是发现某种信息、资源、机会或掌握某种技术，利用或借用相应的平台或载体，将其发现的信息、资源、机会或掌握的技术，以一定的方式转化、创造成更多的财富、价值，并实现某种追求或目标的过程。创办企业必须要贡献出时间、付出努力，承担相应的财务的、精神的和社会的风险，并获得金钱的回报、个人的满足和独立自主。对于一个真正的创业者，创业过程不但充满了激情、艰辛、挫折、忧虑、痛苦和徘徊，而且还需要付出坚持不懈的努力，当然，渐进的成功也将带来无穷的欢乐与分享不尽的幸福。当创业遇上现实，任何激情都应该回归理性，创业者除了有坚忍不拔的精神和意志外，更应该掌握创业的知识，借鉴成功者的经验，这样可以科学创业、高效创业。创业的过程是循序渐进的，从盲目、冲动的想法到完善商业策划书，再到找投资人，钱拿到以后你会更深层次去考虑市场……在创业的漫漫征途中，上述这些过程或许会被我们每一位现代创业者逐一地感知、体悟到。他们最希望的是有人能伸手拉他们一把，他们渴望获得明确的指点和帮助。

为了让每一个怀揣梦想走上创业之路的有志者，能在最短的时间内叩开创业的大门，了解创办企业的流程、过程，从而找到适合自己的创业之路，我们精心编写了这本《创办你的企业》。本书从创业准备、创业团队的组建、创业项目和商业模式的选择、创业计划书的制作等方面全面系统地阐述了创业的基本理论与实践，探讨和总结了创办企业的一般规律和关键问题，用一些国内外优秀创业者的故事和经历，来启发读者的创业智慧，内容新颖、全面，可读性强。同时，为了便于读者在创业的过程中操作，我们还把这些经验进行了总结和归纳，希望给读者创业提供贴心的帮助和保姆式的服务。在编写过程中，我们既注重实用性、时效性，以丰富读者的相关创业知识为目标，又注重系统性、理论性，力求提升创业者对创新与创业精神、创业内涵的理解。

　　创办企业需要时机和条件，更需要创业意识和激情，虽然创业是艰难的，也许你没有资本，没有社会关系，甚至没有很高的学历，但只要独具慧眼，就能捕捉到别人无法看到的创业商机和财富。行动起来，成功就属于你！

目 录

Contents

第三章

组建精干互补的创业团队：
找对人才能做成事

第四章

选择适销稳妥的创业项目：
找到最适合自己的商机

创办你的企业

第五章

设计持续赢利的商业模式：
挖掘成功创业的利润种子

第三节 分析设计商业模式

创办你的企业

第一章

培养清晰成熟的创业意识：成为适合创业的人

第一节
创业者应具备的素质

创业的第一个条件：拥有无与伦比的创业精神

创业的过程绝不可能是一帆风顺的，如果没有无与伦比的创业精神，是无法在激烈的竞争中胜出的。"宝剑锋从磨砺出，梅花香自苦寒来。"逆境给人宝贵的磨炼机会，只有经得起环境考验的人，才算是真正的强者。其实，顺境和逆境都是命运的安排，只有坦然去面对，才是最好的方式。把"置身绝境"看成是锻炼自己的宝贵机会。明白这点，那么在面临艰难困苦时，就能勇气百倍地承受，迎接挑战。唯有如此，才能涌出新的智慧，转祸为福。

被誉为"经营之神"的松下幸之助并不是社会的幸运儿，但是，不幸的生活促使他成为了一个永远的抗争者。松下电器公司并不是一个一夜之间成功的公司，创业之初，正遭遇第一次世界大战，物价飞涨，而松下幸之助手里的所有资金还不到 100 日元。公司成立后，最初的产品是插座和灯头，然而产品遇到棘手的销售问题，工厂竟到了无法维持的地步，同事们相继离去，使松下幸之助的境况变得很糟糕，当时的困难可想而知。

但松下幸之助把这一切都看成是创业的必然经历，他相信：坚持下去取得成功，就是对自己最好的报答。功夫不负有心人，生意逐渐有了转机，当 6 年后他拿出第一个像样的行车前灯时，公司才慢慢走出困境。然而，走出困境的松下电器公司所面对的并不是风景美好的坦途，而是一系列坎坷困窘的开始。随着 1929 年经济危机席卷全球，日本电器销量锐减，第二次世界大战的爆发使日本经济走上了畸形，松下幸之助变得一贫如洗，他所有的却是高达 10 亿日元的巨额债务。第二次世界大战结束后，为抗议把公司定为财阀，松下幸之助不下50 次地去美军司令部进行交涉，其中的苦楚自不必言。

在 94 岁高龄时，松下幸之助说过："你只要有一颗谦虚和开放的心，你就可以在任何时候从任何人身上学到很多东西。无论是逆境或顺境，坦然的处世态度往往会使人更加聪明。"他用他的成功向人们表明，一个人只有从心理上、道德上成长起来时，他才可能成就一番事业。

创业过程中一定存在压力和困难，重要的是你能不能以一颗坚强的心去面对。创业之路实际上很残酷，就像只无形的手，总是攫住你，让你无处可逃。但有压力有困难对人并非只是一件坏事，很多时候，人需要一种力量来推动，就像慢马需要马缰一样，适当的压力能激发出你的潜力，竞争可以检验你的能力。遇到困难时，最简单的解决办法就是：勇敢地迎接它，告诉自己——我顶得住！试问哪一个创业者不是承受了各方的压力，最终超越压力，甚至将压力巧妙地转换为动力而获得成功的？成功的面前总是会有一些障碍，只有能够克服困难走过去的人，才有资格品尝胜利的自豪和快乐。

中国著名企业家马云说："对所有创业者来说，永远告诉自己一句话：从创业的第一天起，你每天要面对的是困难和失败，而不是成功。困难不能躲避，不能让别人替你去扛，任何困难都必须自己去面对。创业者任何时候都要勇往直前，而且要不断创新和突破，直到找到一个方向为止。跌倒了爬起来，又跌倒再爬起来，如果说有成功的希望，就是我们始终没有放弃。"

失败对坚定的人来说是一种考验，它是成功前的一次测试，成功者都经过失败的历练，是失败教会他们成功。

万向集团总裁鲁冠球儿时家境贫寒，他的父亲在上海一家药厂上班，收入微薄。他和母亲在贫苦的农村相依为命，日子过得十分艰难。初中毕业后，为了减轻父母沉重的生活负担，鲁冠球回家种地，过起了普通农民的生活。十四五岁本来是读书的大好时光，告别学校的鲁冠球内心很痛苦，他暗下决心，一定要出人头地。

鲁冠球明白，靠种庄稼永远无法摆脱目前的困境，也不可能实现自己的远大抱负。于是，他决定离开浙江农村去上海闯荡，想让父亲帮忙找些事做。但父亲非但没有给他找到工作，自己也很快退休回了老家。鲁冠球感到很失望，怎么办呢？路毕竟要走下去啊，还回到那几亩稻田里？不！一定要走出面朝黄土背朝天的生活。

后来，经人帮忙，鲁冠球到萧山县铁业社当了个打铁的小学徒。此后，鲁冠球就干起了铁匠。打铁是非常苦的活，一个十五岁的乡下孩子起早贪黑地跟着大师傅抡铁锤，一天到晚大汗淋漓，而工钱却少得可怜。但鲁冠球却非常满足，他庆幸自己告别了修理地球的生活，有了一份不错的职业。然而，命运往往捉弄人，就在鲁冠球刚刚学成师满，有望晋升工人时，遇上了企业、机关精简人员，他家在农村，自然被"下放"回家了。鲁冠球感到自己又一次陷入了失意的境地。他知道，他必须寻找新的突破点。

三年铁业社学徒生活使鲁冠球对机械设备产生了一种特殊的情感，那是一种用劳动的汗水凝成的情感。当时宁围乡的农民要走上七八里地到集上磨米面，鲁冠球也不例外。久而久之他竟然不自禁地对轧面机、碾米机"一见钟情"。而且他发现，乡亲们磨米面要跑的路太远了，很不方便，如果在本村办一个米面加工厂，一定很受大家欢迎，而且可赚些钱。如果自已能买机器，既省了磨面的钱，又省了乡亲们的工夫。亲友们得知鲁冠球的这一想法后，都很信任他，也很支持他，纷纷回家翻箱倒柜，勒紧裤腰带凑了 3000 元，买了一台磨面机、一台碾米机，办起了一个没敢挂牌子的米面加工厂。

那个年代是禁止私人经营的，鲁冠球搞米面加工厂的消息不胫而走后，就被查封。鲁冠球和乡亲们一面到处托人求情，一面"打一枪换一个地方"。一连换了 3 个地方，最后还是在劫难逃。加工厂被迫关闭，机器按原价 1/3 的价钱拍卖。当时的鲁冠球负债累累，只能卖掉刚过世的祖父的 3 间房，变得倾家荡产。

鲁冠球很长时间都吃不下饭、睡不好觉，整日闭门不出。让他感到特别痛苦的不仅是这次商业试验本身的失败，还有给家里带来的巨大压力，父母用血汗换来的钱就这样化为乌有了。但是，鲁冠球没有消沉，没有埋怨命运，没有抱怨生活，而是重新挑起生活的重担，奋然前行。没过多久，他成立了农机修配组，修理铁锹、镰刀、自行车等。后来，他的农机修配组的生意越做越红火。

机遇永远垂青于有准备的人。宁围公社的领导找到了鲁冠球，要他接管"宁围公社农机修配厂"。这个农机修配厂其实是一个只有 84 平方米破厂房的烂摊子，很多人担心鲁冠球会陷进去难以自拔，但鲁冠球以其敏锐的观察力认定可以以此作为创业的起点。于是，鲁冠球变卖了全部家当，把所有资金都投到了厂里。虽然这个工厂前程未卜，鲁冠球却把自己的命运完全押在了这个工厂上。

鲁冠球真正的成功是与万向节密不可分的。万向节是汽车传动轴与驱动轴之间的连接器，因其可以在旋转的同时任意调转角度而得名。当鲁冠球开始接触万向节时，全国已有 50 多家生产厂商，而且产品饱和，唯一有空间的市场是生产进口汽车万向节。一个乡镇小企业想生产工艺复杂的进口汽车万向节，在许多人看来，无异于痴人说梦。而且，鲁冠球不惜丢掉 70 多万元产值的其他产品，把所有资源都集中在万向节上，让许多人难以理解。

今天，当我们重新审视这一决策时，不能不为鲁冠球过人的判断力和选择小厂走专业化的道路而拍案叫绝。万向节虽然生产出来了，但是当鲁冠球为刚刚问世不久的产品寻找销路时，却遇到了极大的困难。万向节必须自己闯天下。鲁冠球租了两辆汽车，满载万向节参加山东胶南全国汽车配件订货会，3 万名客商，沿街的展销点，却没有鲁冠球的一席之地。3 天过后，鲁冠球摸清了各路厂家的价格，毅然提出大降价的决定，市场顷刻之间发生了变化，鲁冠球站在了市场的最前面。

成功的面前总是会有一些障碍，只有像鲁冠球一样能够克服困难走过去的人，才有资格品尝胜利的自豪和快乐。

创业者要有坚强的意志和打持久战的毅力，把创业路上的坎坷视为当然。一个人能否成为百万甚至千万富翁，可以依靠几年的好运和努力，或者一两次机遇就足够了。但一个人能否成为"大生意人"，"大企业家"，成就足以使他人和后人钦佩的事业，则需要持之以恒的努力和付出。一家优秀企业的形成，一份长久事业的形成，甚至一个优秀产品的形成，往往都不是一两年、三五年所能做到的，它很可能需要创业者的毕生心血。创业路上平常心很重要，坚韧的毅力是创业者应该具备的第一精神。

创业者还要能坚持自己的信念和目标。在其他同行走上迷途的时候，创业者要能有清醒的认识，不为眼前小利所动，不做昧良心的产品；更为重要的是，要能耐得住寂寞，静心做技术和产品的创新，稳扎稳打，夯实企业发展的根基。创业者应该把企业当成实践人生理想的平台，而不仅仅是谋利的机器。虽然企业的本质是赢利，但凡是成功的企业，都是具有信念的企业。坚持信念和赢利并不矛盾，只有坚持信念，专注目标，才会获得竞争优势，从而使利润自来。

创业的先决条件，不是有多好的项目，多雄厚的资金，而是诸如坚韧、执著、坦然等无与伦比的创业精神。只有拥有了创业精神，才能够突破困难，打开成功的大门。

创业的第二个条件：制定正确的创业目标

创业要有一个目标作为指导，才有成功的可能。就像运动员打棒球，球飞来的方向是不确定的，运动员必须随时调整自己的方向，准确击球，只有这样，才能保证成功。如果创业在一种无序、无目标的状态下简单经营、粗放经营，注定会失败。

制定创业目标并不是一件有趣的事，需要消耗大量的工作时间，然而无论付出多少成本，树立正确的创业目标是必须的。俗话说，机会是留给有准备的人的，在创业中也一样，缺乏一个正确的目标，必然不会得到市场的青睐。目标能够激励管理层去系统地思考已经发生的、正在发生的以及将要发生的事情。一个清晰明确的目标，往往还能帮助企业完善与实现其目标和政策，能够协调好各个部门之间的工作；同样，一个全面且实际的目标，还能够应付不断变化的市场需求。

创业目标并不是制定好了就一劳永逸了。很多人认为，创业是一场短跑比赛，重要的是拿到冠军。然而，拿到冠军之后呢？创业的过程并非一场短跑，而是一场跨栏，不是110米跨栏，而是马拉松跨栏。一个企业的发展，跨一个栏以后，前面又有一连串的栏，跨过去一个栏杆就如同实现了一个目标，而想要持续经营的企业，总会还有无数的目标等待着被跨越。

效率提升大师博恩·崔西说过："成功最重要的前提是知

道自己究竟想要什么。成功的首要因素是制定一套明确、具体而且可以衡量的目标和计划。"在创业马拉松跨栏的过程中，有一点是一定要注意的，那就是当跨完一个栏以后就要看下面一个栏在哪里，甚至这个栏是已经设立好的。一个有理想的创业者，应该是一直有目标放在那里。

周作亮就是因为缺乏正确目标而失败的。在创业初期，周作亮凭借"敢闯、敢创""大胆地试"取得了很大的成功，然而在企业上了规模之后，他反而没有了明确的目标。当偶然获悉市场上铝材可以获取丰厚利润，当即决定兴建铝材厂，并且仅用 8 个月就投资 12 亿元建成了日产 10 吨的铝材加工厂。随后，由于铝锭、铝棒全部需要外购，周作亮决定再建设电解铝厂，又由于电力供应不足，为解决铝厂的用电问题，他不顾电力部门的强烈反对，在小火电已经列为限制发展项目的情况下，上马了 3 台 5 万千瓦的小机组，年发电能力为 15 亿千瓦时，而铝厂自用仅为 6 亿千瓦时，三台小机组有两台闲置。为了解决剩余电力的外输和联网问题，周作亮又必须建变电站。就这样，周作亮走上了"缺啥补啥"的不归之路，这种没有战略的经营，盲目的发展，最终将企业引入歧途。

目标很重要，企业管理者对企业的发展思考一旦停止，企业就会驶向下滑的方向。创业者对目标要有一个详细的认知和分析。一般来说，创业目标是一个由众多因素构成的有机整体，主要内容有：

1.战略任务

是指在既定时间内，创业项目和预期要达到的目标。战略任务通过规定企业的业务活动领域和经营范围表现出来，如针对哪些消费者，经营何种产品，提供哪些方面的服务以及商圈到底定位为多大的区域等。

2.经营目标

指在预定时间段预期达到的目标成果，是战略任务的具体化，反映着企业在较长时期内经营的水平和营销管理的完善程度。经营战略目标是一个综合的或多元的目标体系，它主要涉及以下内容：

（1）市场目标。指在行业竞争中优势发挥的程度，包括

图片来源：摄图网

竞争实力和信誉的提高程度。竞争实力的提高程度具体表现为传统市场的渗透和新市场的开拓，市场占有率、销售增长率的提高等。

（2）发展目标。指企业实力和规模的扩大程度。具体表现为商品更新速度和经营管理水平，领导素质和员工素质的提高程度等。

（3）效益目标。指企业在制定经营战略时预期的效益规划。具体表现为利润总额的扩大和资金利润率的提高程度。

3. 目标措施

指创业者为实现战略目标而制定的长远、重要的措施。企业在实现战略目标的过程中，会遇到各种机会、威胁和风险，为了充分利用市场机会，避免市场威胁和减少市场风险，应该制定出积极有效的具体措施。

（1）管理措施。包括管理机构设置的合理化，管理手段的现代化，管理方法的科学化，管理人员的专业化等。

（2）策略措施。主要指在不同的经营环境中采用的特殊策略。

正确的目标，不是好高骛远，不是个人兴趣，不是一时冲动，而是在正确评估企业资源和条件，科学对待企业发展前景的基础上为企业发展所设计的安全航道。创业之路能够最终走多远，就看目标规划有多远。

创业的第三个条件：从决心创业时起，让自己成为一个全才

工作需要专才，创业需要全才。即使是凭着自己的专业创业的人，在创业的过程中也一定会接触到很多非本专业的问题。因此当下定了创业的决心时，创业者就要有成为一个全才的准备，成为一个全才是创业者必须具备的素质，是创业成功的客观要求。然而很多人会问，没有人能够成为样样精通的全才啊！这里所说的全才，并不是对于任何事情都要精通，而是对各方面有基本的了解进而能够培养统筹的人。

创业者身上肩负着多重的责任，承担着多重的角色。那么，只有把每一个角色都做好，才能培养成一个成功的人。

1.企业的代表者

创业者是企业的代表者，就企业而言，创业者是企业与客户、社会有关部门的公共关系的体现者；就员工而言，创业者是员工利益的代表者，是员工需要的代言人。不论手下有多少员工，也不论这些员工表现如何，企业整体的经营绩效及形象都必须由创业者负起全责。所以，创业者对项目或者企业的运营必须了如指掌，才能在实际工作中做好安排与管理，发挥最大效用。

2.目标的执行者

创业如同船行海上，一切以船长的目标为目标。创业者的角色就像一名船长，如果船长说："我们的船在 3 天之内将到达目的港，大家目前主要的任务是全力以赴，努力地使船向东行驶。"这样一来，船员们都有了明确的目标，清楚自己目前应该做的工作，因而能全神贯注地遵循船长的指示来完成多项工作，而不必担心其他的事情。这样，船才能正常地行驶，更早地到达目的港。与船长的工作类似，创业者也必须清楚地知道目标，并将目标准确地传达给自己的员工，万众一心，共同努力，实现目标。在向目标迈进的过程中，创业者必须具备领导、管理与沟通的能力。

3. 员工的培训者

员工整体的业务水平高低是关系到企业经营好坏的一个重要因素。所以创业者不仅要时时充实自己的业务经验及相关技能，更要不断地对所属员工进行岗位培训，以促进整体经营水平的提高。同时，经营者工作繁忙，并且常有会务活动，当其不在企业内时，各部门的主管及全体员工就应及时独立处理企业内事务，以免延误工作。为此，还应适当授权，以此培养下属的独立工作能力，训练下属的工作技能；并在工作过程中及时、耐心地予以指导、指正与帮助。全体员工的各方面素质提高了，企业运营与管理自然会越来越得心应手。由此可见，培训下属，就是提高工作效率，也是间接促成创业之路顺利进行的保证。

4.各种问题的协调者

创业者应具有处理各种矛盾和问题的耐心与技巧，如与员工沟通、与合作伙伴沟通等方面，是创业者万万不能忽视的。如果创业者对下属的指令传达都毫无瑕疵，但是对与员工沟通、与供货商沟通等方面却做得不够好，无形中就会恶化人际关系。因此，创业者在上情下达、内外沟通的过程中，应尽量注意运用沟通交流的技巧和方法，以协调好各种关系。

5.运营与管理业务的控制者

为了保证项目的顺利运行，企业正常运转，创业者必须对日常运营与管理业务进行有力的、实质性的控制。其控制的重点是：人员控制、商品控制、现金控制、信息控制以及地域环境控制等。

6.工作成果的分析者

创业者应具有计算与理解企业所统计的数值的能力，以便及时掌握业绩，进行合理的目标管理。同时，创业者应始终保持着理性，善于观察和收集与运营管理有关的情报，并进行有效分析以及对可能发生的情况做出预见。

身为创业者，所扮演的角色，所承担的责任并不仅仅是这些而已。想要真正有所成就，非要眼观六路耳听八方，做个样样都能兼顾的全才不可。即使现在尚不是全才，也要树立成为全才的志向。

创业的第四个条件：要有真正帮人家赚钱的经验

在一个小村庄里有个医术高超的郎中，被人称为神医。这个神医有 3 个儿子，他将毕生所学的医术都传给了儿子们。神医老了，没有力气给人看病，就叫 3 个儿子去给病人诊治。可是前来就医的人怎么也不肯让他的儿子们看病，神医百思不得其解，难道真的是自己的孩子资质平庸？一位经常来看病的老者点破了神医："那是因为他们从来都没有把过脉啊！不管你的医术多么高明，他们学会的仅仅是理论而已，人们怎么可能放心让他们来诊治呢？"

没有经过实践检验的知识都只是空谈。无论具备多么专业多么全面的知识，没有实践经验也不要轻易尝试创业。从来没有过赚钱的经验，就想当然地认为自己可以赚到钱，结果则可能会失败。书生型创业者的最大特点是：想得多，完全从自我的主观想象出发，而忽视对市场需求的客观调查。真正的商人凡事不是从"我认为"出发，而是从"市场信息反馈中"得知真正的需求。

20 世纪 50 年代初期，美国的劳拉·阿什雷创立了劳拉·阿什雷公司，该公司主要生产女性装饰用品，其新颖的产品唤起了美国女性的浪漫情怀，所以产品很受欢迎。尤其是在 20 世纪 70 年代人们普遍怀旧的情结下，公司通过其怀旧产品的推出，很快由一家小作坊发展到一个拥有50家专卖店的大公司，劳拉·阿什雷也成为国际知名品牌。

劳拉·阿什雷去世以后，她的丈夫伯纳德接手公司，沿着劳拉所设立的经营方向，按照原来的经营模式、框架甚至制度规范继续发展该公司。然而，随着时代的发展，越来越多的女性开始走出家庭谋求工作，市场逐步倾向于职业饰物，因此女性装饰行业发生了巨大的改变。伴随着关税壁垒的逐步瓦解，精品店大多都将生产基地设到海外以削减成本，或者将生产全部外包。但劳拉·阿什雷公司却相反，该公司仍然继续沿着过去曾为其带来成功的老路，仍然生产着式样陈旧的老式饰物，并且以昂贵的成本自己生产，由此，公司的竞争力也日渐衰退。

伯纳德深受劳拉的影响，熟知她的经营理念，但是实际运营时却出了大问题。事实证明富豪的儿子不一定也能成为富豪，财经学校的高材生未必一定会赚钱。创业之初是资金最少承受力最低的时候，稍有差池就可能导致全盘皆输。创业者应该在一段时间内，先去替别人赚钱，为自己积累经验。

1. 利用别人的环境学习经验

对于大多数创业者来说，创业前都是为别人打工。虽然薪水有限，却是最低成本的学习方式，为老板赚钱，为自己赚经验。许多创业者都是从过去工作过的公司经验中，掌握了经营理念、管理方式、运营模式，发现了大量的机会以及可以改进的缺点，甚至利用原来公司的资源、客户为自己创业奠定基础。所以，做个有心眼的"打工仔"，充分利用别人提供的工作环境，多留心可以借鉴和学习的地方，能够为日后的创业积累丰富的经验。

2.整合别人的资金练习经营

一位亿万富翁曾说过这样的话："你不必等到有钱了再去挣钱，只要你拥有人们想要的，你就能拿这些东西去付账。如果你拿出预付折扣，就能用现金得到你所需。很快，它刚好成为变戏法的现金。"很多人都错误地认为，手头上有大把现金才能解决问题。"如果我中了六合彩，那什么事情都解决了。"事实不是这样。毫无疑问，手里有钱，干什么事情都会容易一点。但是我们的解释是："如果你没有钱赚不到钱，那么你有钱也赚不到钱。"富人都是善于整合别人的金钱的人。创业者自己没有充足的资金，可以通过整合别人的资金进行创业。即使是在为别人赚钱，"为他人作嫁衣裳"，自己也能够从中练习到"缝纫功夫"，用别人的资金为自己提供锻炼经营的机会。

没有给别人打工的经历，只凭运气和书本上的知识，是绝对不可能成功的。如果想成就一番自己的事业，就先从为别人赚钱开始吧！

第二节

导致创业失败的 4 个误区

误区 1：进入自己不熟悉的行业，没有充分调查就行动

俗话说"隔行如隔山"，进入一个自己不熟悉的行业，其困难程度是可想而知的。刚刚起步的创业者在很多方面都经验不足，如果又选择了不熟悉的生意，无疑给自己制造了巨大的障碍。

"不熟不做"是商场的法则。虽然行业之间并不是不可跨越，还是会存在一定的共通性，但是每个行业都有其独特的规则和规律，这个门槛并非想象中那么容易进入。在任何一个行业中，内行的钱是很难赚的，基本上都是内行赚外行的钱。如果对一个行业一窍不通，只是跟着市场上的厚利行业走，就增大了创业的风险性，管理无法深入细致，这样很容易导致失败，从而成为别人的垫脚石。

林曦在一家电脑公司做销售，工作压力比较大，一直希望能够自己开店。正好一个朋友的店铺出让，他就接手下来开了家咖啡厅。林曦觉得产品基本都是一样的，没有太大的差异，能够卖得好是因为销售人员做得好，于是在咖啡厅的产品研发方面，他并没有投入太多资金和精力，只是将工作交给新来的厨师，自己把心思花在了招揽顾客上。然而咖啡厅卖的毕竟不是速溶咖啡，开水一冲就好了。对于咖啡的品种，如何研磨、冲泡，林曦根本一窍不通，顾客抱怨咖啡的口感不好，点心也不对味。到后来顾客只剩下以前的合作伙伴和朋友，一个月下来的营业额连支付房租都不够。有一次在订购原料时还被蒙骗，花了优质咖啡豆的钱拿到的却是劣质咖啡豆，损失惨重。几年间他开过豆腐小作坊，卖过女装，也办过养鸡场，卖过乳制品，从事过的门类多达15种。但是直到现在，已经年过中年的林曦还是一名创业者，无论在哪个行业都没有做出太大的成就。

林曦明明对电脑行业很精通，却偏偏一次次地尝试自己根本不熟悉的领域。他没有在任何一个行业里面好好沉淀，始终抱着一种投机的心态，因此也就无法了解这个行业，这也是林曦一事无成的原因之一。每个行业都有自己的核心内容，如果不熟悉就掌握不了这些东西，也就丧失了基本的生存条件，无法具备充足的竞争力，不熟悉就意味着在同业竞争中处于劣势。所以创业一定要坚持不熟不做的原则，尤其是那些初创者。

每个行业都有它的可造性，没有一定会赔钱的行业。然而每个阶段的获利是不一样的，不要指望刚刚插手就能一夜暴富。如果看到一个行业很容易赚钱的时候就急着介入，那么等到真正开始经营的时候也许竞争者已经将市场瓜分殆尽了。在资本不够充裕，实力也不雄厚的时候，不要盲目去追赶流行开发新的领域，流行的东西都要经过一定磨合期并且要花费大量的人力、物力、金钱，而市场的占有率如何也是未知的，不是所有人都能承担这样的风险。

创业者最好集中精力从自己熟悉的行业做起，这样更有利于资本的原始积累和更加长远、稳固的发展。

创业本身就是以收益为第一位的，如果对一个行业熟悉，做的过程中遇到问题时，就能自己解决，省去咨询别人的成本和风险，还能很好地预测以后的市场行情走势。熟悉意味着在该行业已建立了人际网络，在生意往来和客源方面有一定的基础和保障。再加上这个行业的资金周转率、应收账款情况、固定设备和流动资产投资额，对投资效益如何、最大费用在哪里，都有一个比较完整清晰的认识，对可能遇到的问题、风险都有一定准备，能少走许多弯路。选择熟悉的行业来创业，能有效规避风险，节省时间，减少行业的间距，有利于横向发展。

创业要在稳健中求发展，在做任何一项投资前都要仔细调研，自己没有了解透、想明白前不要仓促决策。有很多人觉得自己创业失败是因为运气不好，事实上往往是离开自己熟悉的领域，涉足那些热门的、流行的领域想要"一夜暴富"，那是很不切合实际的想法。很多人看到网店红火就跟风在网上开店卖服装，一些人就想当然地认为自己绝对有实力做服装生意，但是等真正开起了服装店，却发现什么都不懂，尺码到底怎么划分，当下的流行款式是哪些等等都不了解，这怎么可能赚得到钱呢！

还是那句话，生意本身是不分好坏的，只有适不适合，完全不熟悉的就不适合做。如果把不做不熟悉的生意理解为墨守成规、不懂得创新就大错特错了。在一个行业做熟之后就能掌握规律和要领，对其他类似的相关行业就有了变通的基础。创业就是要在熟悉的基础上，慢慢将不熟悉变为熟悉。无论选择哪种行业都要控制风险，投入资金不要超过自己承受的范围。当进入一个新的行业，要经过详细的市场调查，看在自己熟悉的基础上能够应用的比例有多高，完全生疏的行业是决不能涉足的。

创业者首先要有一个清醒的头脑，先思考再行动。盲目进入自己不熟悉的行业，没有充分调查就行动，结果必然是失败的。从熟悉的行业做起，能够少走许多弯路，对创业者来说是最明智的选择。

误区 2：用错误的方式管理合伙人，缺乏管理合伙人的智慧

创业者独自在商场拼搏难免会感到势单力薄，尤其是对于初次创业的人来说，资金不足、核心技术短缺、管理经验匮乏，

创办你的企业

都会降低成功的可能性。因此，选择一个好的合伙人共同创业成了非常重要的选择。合伙创业能够增强实力，降低创业的风险，还可以通过优势互补，从一个较高的起点开始运作。但是如果不能科学有效地管理合伙人，不但达不到 1+1>2 的效果，还会因合伙人之间的纠纷而分割削弱企业实力。

在合伙人的管理上，创业者常常会犯 3 种错误：

1. 选择弱小的合伙人，过度迷恋主导权

很多创业者惧怕实力强大的合伙人，担心最后的主导权会落在合伙人手里，自己有被吞并的危险，为了能够得到合作项目中的主导权，偏向于选择实力相对弱小的合伙人。这样虽然有着做决策人的痛快，却也要承担更多的风险。

李远拥有一家中型纺织厂，随着订单量越来越大，纺织厂的生产速度有些跟不上。为了扩大生产规模，李远决定与其他纺织厂合作完成项目。接洽的几个厂家中，不乏名气实力都很大的企业，但是李远担心自己最后会成为这些大企业的附属，最后选择了一个名不见经传的小企业。然而在运作一个大订单的时候，突然出现了一个意外情况——这家小企业的印染设备老化，无法达到客户要求的颜色标准，必须更新设备才能完成订单。李远要求对方企业共同承担这笔费用，然而由于该企业资金有限，接下这个大订单已经是勉为其难了，根本拿不出更多的资金来改造设备。李远想通过向银行贷款先完成这个项目

再说，但是能够贷到的资金远远不够。最后无法按期完成订单，生产出的产品不合格，李远不得不赔偿了大笔的违约金。

没有人想被别人牵着走，在合作中每一方都希望能够主导项目的进行，但是并不是谁都能够掌握主导权的。共同合作的项目关系到一方甚至多方的利益，掌握决定权的那一方必须要承担着更多的责任。如果不具备一定的实力是没有办法肩负这样的重任的。如果一味的想当"老大"而忽视了合作的基本要求，当项目出现问题时，弱小的合作者无法提供及时和有力的帮助，最后造成的损失可能更大。

2. 不经过仔细调查，草率决定合作伙伴

A 市一家 B 风筝制造厂是一家刚刚起步的企业，恰逢 A 市即将举办风筝节，风筝需求大大增加。B 企业认为这是一个加速企业发展速度，提高收益的大好时机，决定大批量生产风筝。但 B 企业实力有限，于是决定寻找一个合伙人，共同开发这一项目。但 A 市生产风筝的企业众多，最后几经周折终于找到了 C 企业愿意投资共同合作。为了赶在风筝节之前做出产品，B 企业并没有对 C 企业进行仔细的调查，就草率地签下了合作合同。然而随着风筝节的逼近，C 企业承诺的资金一直没有到位，B 企业不仅错过了抢占市场的最佳时机，还由于积压了大量的原材料损失惨重。

无论面对多么诱人的商机，创业者都必须冷静和理智。案例中的 B 企业急于发展，没有仔细调查 C 企业的背景、信誉、实力，为合作埋下了隐患。因此创业者对合作伙伴一定要进行详细深入的调查，合伙人的实力、是否正规经营、口碑评价如何都是必须要考量的。在知根知底的情况下合作，才能减少投资风险。

3. 尚未达成共识，急于合作

现代人越来越重视食品的安全与健康，刘佳的科技开发公司就专门开发了一项用于清洁瓜果蔬菜中残留农药的产品。该产品技术成熟，市场前景广阔，但是刘佳的公司由于缺乏充足的资金，没有投入生产的能力。一位投资者对该产品的市场前景很看好，决定投入资金同刘佳合作开发。刘佳拿到资金后马上投入生产，然而当大批新产品生产出来后，却出现了一个问题。投资者和刘佳在市场运作方式上产生了严重的分歧，投资者认为自己投入了资金，因此要求刘佳必须按照自己的要求做；而刘佳认为投资者不了解市场，坚持自己的看法。双方长期争执不下，投入的资金都打了水漂，刘佳的公司也以倒闭告终。

作为参与项目的合伙人，有参与决策产品运营的权利。无论是投入资金、技术、人力的哪一方都应该尊重其他的合伙人，不能独断专行。因此，在实施具体行动之前，要达成共识，对具体细节有明确的规划。意见和分歧应该在进行之前做好协调统一，否则等到行动了一半达不成共识，必然造成损失和失败。

合伙的重要前提是取长补短，共同进步，如果不能管理好与合伙人之间的关系，必然会激化矛盾，造成两败俱伤。因此在共同合作时，应该遵循以下原则：

1.推行民主化管理

凡是参与合伙的人都是整个项目的一分子，都有知情和参与的权利。因此在管理时不能因为合伙人投入的不同而歧视和区别，要尊重合伙人的意愿，在民主的基础上达成共识。

2.保持战略眼光

合伙人之间是合作互利的关系，而不是竞争对手。要用战略眼光去看待合伙关系，不要因为一点分歧和矛盾影响了合作。只有同合伙人之间保持融洽的关系，才有利于达到双赢或共赢，促进合作的成功。

3.优化资源配置

合伙的目的就在于取长补短，增加总体实力。要发挥各方的优势，去弥补各自的劣势。如果不能有效地配置资源，合伙的结果很可能比单打独斗的实力还弱。因此，合伙要认清各方的优势劣势，实现资源的优化配置。

总之，错误的管理方式只会削弱各方力量。只有正确的管理合伙人，才能增强合作总体的实力。

误区3：重情义，轻管理

管理在创业成功中是很重要的部分，如果不能有效地管理，就算有了良好的创业基础，企业也无法长远发展。中国人历来注重人情，很多人在创业过程中偏向于将亲戚朋友放在重要的职位，而不管他们是否适合。不可否认，身边人的支持对创业的成功有着不可忽视的作用，但是如果只注重情义，将会导致企业管理的混乱。

任人唯亲会使管理者偏听偏信，无法正确判断企业内部事务。根据关系的远近而不是贡献的大小分配利益，那么有才能的员工会得不到相应的报酬，直接结果就是企业内人才流失甚至无人可用。企业仅仅靠情义无法为公司留住人才，也没办法取得长远的发展。客观上来说，在创业初期，经济实力、工作环境、人际网络等方面均有不足，也无法吸引社会上的一些人才加盟，因此选择亲友也是相对节省资金的选择。更多的人是从主观上认为亲戚朋友比起"外人"更可靠、值得信任，选择他们担当公司重要职位比较放心。但是必须要清楚，过于重视情义会阻碍科学有效地经营管理，在企业做大之后，将会引起内部分配的混乱和安置的不公平，甚至会使好不容易建立起来的企业毁于一旦。

邱晓经过多年的创业，成立了一家大型乳制品公司，产销遍布全国 30 多个省、市、自治区。一向经营良好的公司最近却遭遇困境，一群跟公司营销毫无瓜葛的经销商登门讨要 3000 多万元的货款和欠账，而且他们讨要的不是乳制品公司的货款，而是一家婴儿用品公司所欠下的货款。那么为什么其他公司的货款要向邱晓讨要呢？原来该婴儿用品公司的经理胡东和邱晓是多年的好哥们，邱晓借给胡东注册资金成立了婴儿用品公司。出于对兄弟的信赖和支持，婴儿用品公司全权由胡东一手管理，然而胡东在管理中，任人唯亲，安排根本没有能力的亲戚担任公司的主要管理岗位，导致公司经营混乱，财务不清，还挪用了大量公款到胡东的私人账户上。在营销的时候，胡东甚至还打着邱晓的旗号，利用他的经销商网络，严重扰乱了邱晓的公司。由于经营不善，婴儿用品公司很快倒闭了，还留下了大笔债务。由于胡东常常打着邱晓的名义，所以当出现问题的时候，经销商们找不到胡东就统统跑来找邱晓讨债了。

邱晓只重视兄弟义气，随便提供给胡东注册资金不说，还没有进行监督管理，导致公司名号被滥用，甚至胡东公司的债务也落到了自己头上。"桃园结义"的佳话虽然广为流传，但是并不是所有人都能够对你的创业产生积极的促进作用，兄弟间以怨报德、反目成仇的事情并不鲜见。情义固然重要，但是和管理是两回事，创业者要有清醒的头脑，理智对待企业管理。

首先要做的是减少家族式、朋友式管理的负面影响。创业初期由于条件的限制加上企业稳定的需要，没必要也不可能将朋友式、家族式的管理模式全盘否定。在相当长的一段时期内，朋友式、家族式的管理模式都还是创业者的首选。创业者本身要有一个清醒的认识，对普通员工和亲戚朋友一视同仁，不偏听偏信；根据才能分配职位，不因人设岗；利益分配要按贡献大小，保证公正公平。

其次就是建立有效的管理机制。家族式、朋友式管理的弊端就在于没有健全的机制，根据主观判断而不是客观事实来管理人。建立一套有效的管理机制，既能够避免浪费时间和精力，也能够科学管理。没有制度意识，以人情代替制度，管理中必然存在疏忽和漏洞，也容易因为意见的分歧造成亲人朋友间的不合。有了良好的制度建设，也要注重制度的实施和管理，如果不能落实，再好的制度也只能是一纸空文。

最后要建立科学的用人机制。用人唯贤不唯亲，将个人的能力和德行做为考量标准，而不是以关系的亲疏远近，只有选择、任用优秀的员工才能有优秀的企业。要敢于授权和放权，不要只想着把权力集中在"自己人"的手里，大胆起用适合的管理人员。重视人才、充分挖掘人才、主动培养人才，这样不仅能找对人、用对人，还能留住人。当然，如果亲近的人有能力突出的，也不用一味地排斥，不搞特殊化，公平公正地对待即可，让他们也有发挥自己能力的空间。

误区 4：缺乏诚信与商业道德

成功靠的是什么？是运气，是技巧，还是丰厚的投资知识……每个人都可能列出自己创业成功的理由。在迈向成功的征途中，所有这些因素或多或少，会为你指引出前进的方向。但是伟大的品格是不可或缺的因素，一个人成就大事业，置于首位的是他的品格和操守。在通往成功的道路上，诚信是创业者必须具备的素质之一。

人无信不立，创业如果缺乏诚信和商业道德，就无法取得发展和成功。通过投机和欺骗也许在短时间内能够得到明显的好处，但绝不可能长久地存在下去并获得真正的成功。诚信的成本也许很高，但是欺骗的成本更加巨大。比如卖水果的小贩通过缺斤短两获得比别人多的利益，但是失去了顾客的信任，长远来看他将失去更多的利益。再比如通过偷税漏税增加收入，一旦被揭穿，将付出更多的罚款甚至锒铛入狱。对于创业者来说，诚信是经商之本，只有讲诚信才能为自己赢得赞誉和认同，以诚待人，以诚经营，终究会得到长久的利益。那些靠搞欺诈、欺骗等手段赚取不义之财的人，虽然会得到眼前的小利益，但会因失信于人而造成更大的损失。

诚信是创业成功之道的通行证，尽管人们看不见摸不着，但它像影子一样时时刻刻存在着并发挥作用。可以说，良好的信誉对创业者来说，是一种无形的资产，是一块金字招牌。

李嘉诚最初做塑料行业工作时，经常遇到一个乞丐，她从不伸手要钱，但李嘉诚每次都会主动拿钱给她。有一次，李嘉诚和她约定第二天见个面，然后帮她做点小生意。但不巧的是，当天，一位客户偏偏来到李嘉诚的工厂参观，客户至上，他也没有办法，只得接待。但在与这位客户交谈时，他突然说了声"Excuse me"，便匆匆跑开。李嘉诚跑出工厂，驱车赶到约定的地点，好在没有失约，把钱交给了那个乞丐。事毕后，他又开车回到工厂，去接待客户。

即使是冒着怠慢了大客户的风险，也决不失信于人，这可以说是李嘉诚成功的重要因素之一。诚信的作用比材料、设备、工艺等硬实力更加重要，它是一种不可超越的软实力，是持久的竞争优势。企业若想在市场中持久经营，拥有忠实的客户群，就必须以信誉作为市场通行证，而追求短期利益，通过欺骗手段坑害消费者使其利益受损，虽能获得一些短期利益，但其效果与杀鸡取卵无异。不讲诚信，等于自动放弃软实力，企业也必将在以后的经济活动中遭到市场的报复，消费者可用手中的货币作为选票，将不讲诚信的企业逐出市场。

在现代商业活动中，由于信息公开和传播速度加快，企业的信誉状况很快就会收到市场的反馈。如果企业信誉优良，就可以得到更多的信任，收获消费者的口碑，在市场竞争中赢得主动。

诚信是一切企业走向成功的通行证。英国谚语说："信用乃成功之伴侣。"日本谚语说："信用是无形的资产。"中国人也常说："信用是最大的资本。"古人千金买马骨，以此取信于天下。如今，我们为企业树立良好形象，同样需要严格做到"言必信，行必果"。

创业者都必须明确这样一个观念，那就是信誉将是你成功路上最重要的财富，因为与资金、人脉等资源比起来，良好的信誉更加难以获得，同时，也更难以保持。要让顾客有信任感和安全感，我们就要增强诚信意识。"诚招天下客，誉从信中来"，这虽是一句古语，但时至今日，仍不过时，不少商家仍将它作为搞好经营的信条。因为在激烈的市场竞争中，讲信誉、守信用是赢得胜利的保证。

从某种意义上来说，现代市场经济就是信誉经济。诚信是市场经济领域中一项基础性的行为规范，也是市场良性发展的内在动力。而锻造诚信这一软实力，也是企业适应市场竞争的必要前提。创业者只有切实把"信誉高于一切"作为企业的经营宗旨，并按照这一宗旨行事，才能使企业日益兴旺与不断发展。

第三节

创业者应做的准备工作

创业者应掌握的知识

创业不仅需要创业者具有良好的性格特征和灵活的商业头脑，更重要的是前期对于商业经营的相关知识，尤其是经济管理知识的积累，如经济学知识、统计学知识、市场营销知识、管理学知识和金融学知识等。渊博的学识是创业者必备的基本条件。

1.经济学知识

供给和需求之间的联系是经济学研究的重要内容。比如，冬卖棉袄夏卖冰激凌，商品的质量在冬夏两季并没有产生差异性，仅仅是因为人们需求的多与少，就决定了商品的销量，更决定了商品的价格。针对需求来供给，才能保证企业的生存，促进企业的发展。

高效的企业运作，是对未来资源的调动，当然也涉及了供给和需求。在什么条件下能有多少资源，投入这么多的资源，究竟能有多少回报？这是创业活动的重点。学习经济学知识，首先要重视观念，而观念的建立可以由观察日常生活、搭配学习若干经济学方面的书籍来获得。

2. 统计学知识

创业者要学会借助所搜集的资料验证自己的判断，这就需要能较好地掌握统计学知识。统计学基本上提供了分析和提出观念的依据。

除了统计学术上的研究外，创业者还应该学习统计的基础应用过程，它有助于对现有资料的提炼和总结，要多看统计方面的相关参考书。

3. 市场营销知识

丰富的市场营销知识是经营活动展开的基础，创业者储备了丰富的市场营销知识，才能快速扩展市场。随着制度的不断规范、经济的不断成熟以及竞争的不断加剧，专业化的经济行为开始出现，简单的投机行为将不再能钻市场的空子，知识和文化已经成为赚钱的一个重要条件，理性成熟的市场更加注重富有市场营销知识的人才。

4. 管理学知识

丰富的管理学知识是店铺创建者必备的知识要素。因为管理学研究的核心就是通过管理来降低企业的运行成本，从而达到提高企业运行效率的目的。管理学的发展使得现代企业的管理，尤其是生产性企业的管理发生了一场革命。人们的管理行

图片来源：摄图网

为从过去自发的经验逐渐上升到一种自觉的意识。到了现代，管理学已经成为创业人员的必修课程之一。

从中国企业的创业史来看，经验管理仍然是中国创业者管理企业的主流，企业的成败在很大程度上取决于创业者的经验、经历和能力。中国创业者迫切需要进行管理上的创新变革。企业的稳定经营最终还是要靠一套规范化的管理制度的形成。管理方式本身并没有好坏之分，只是在不同的企业、不同的环境、不同的历史阶段中所使用的管理方式是不同的。对于很多创业者来说，管理创新极其关键，企业的经营管理模式能否形成并成功实施，决定了企业能否发展起来。虽然在商界流传有许多经典管理法则，但是具体创业过程中，却需要拥有一套具有前瞻性的商业理论。如果不能在理论上进行更新，就不会创造出新的赢利模式，就不会采用新颖的管控制度，企业从一诞生的那一天就会沦落到平常可见的大众群体中，难以在竞争激烈的市场中获得发展空间。

5. 金融学知识

金融学知识是创业者必不可少的经济知识，它主要针对如何提高资金运行的效率问题进行研究。在一个企业中，金融学的知识主要表现为企业如何对可利用的生产资源进行运作与管理，从而实现企业追求利润最大化的目标。

当然，要真正走好创业这条路，绝不是仅仅局限于这些知识的。创业者在准备创业之时，就要尽可能地提高自己的知识储备，在创业之路上才会走得更顺更长远。

要有丰富的行业经验

经验，是我们取之不尽、用之不竭的智慧锦囊，积累丰富的行业经验，能够帮助创业者少走弯路，更快地取得成功。我们生活在一个经验的世界里，从小到大，我们看到的、听到的、感受到的、亲身经历过的各种各样的大小事件和现象，都成了我们人生的智慧和资本。常听人说："我吃的盐比你吃的米都多""我过的桥比你走的路都多"，人们常因经验多而自豪。在一般情况下，经验是我们处理日常问题的好帮手。只要具有某一方面的经验，那么在应付这一方面的问题时就能得心应手，特别是一些技术和管理方面的工作，非要有丰富的经验不可。老司机比新司机能更好地应付各种路况，老会计比新会计能更熟练地处理复杂的账目。所以，很多时候，经验成了我们行动所依靠的拐杖。

经验最便捷的获取途径无疑是自己从事的本行了。将一个行业做到极致远远比每个行业都涉足一点更容易取得成功。很多百年老店能够延续至今，在激烈的竞争中立于不败之地，就是专注于本行不断努力的结果。创业更是要专注于本行，不能三心二意。在本行业站稳脚跟，深挖本行业的发展潜力才是发展的长久之道。

在准备创业前，不妨先审视自己有什么专长。有很多人原本有稳定的工作，但是想要通过创业获取更大的成功。在选择经营什么样的生意时，相当一部分人认为，自己既然已经辞掉了原来的工作，就要彻底同这个行业脱离，如果创业也选择跟本行相关的，岂不是走了回头路了吗？这个想法实在是大错特错！本行的经验就如同基石，在打好地基的基础上盖房屋显然比起重新开凿地基要快得多。如果你曾经学过服装设计，懂得色彩搭配，经营服饰店一定比开家餐厅熟练得多了。顾客可能会称赞你"很懂得搭配"，"总能在他家找到漂亮的衣服"。而如果改为经营餐厅，很可能会被顾客埋怨"菜品不好，服务也不周到，老板一定是个门外汉"。

创业最大的资本就是专业知识，顾客不仅仅是购买商品，更是要享受专业的服务。在生意场上，如果一个创业者能对自己的商品了如指掌，对于商品的原料、产地、制作工艺了如指掌，能说出它跟其他同类产品相比独有的特点与优点，懂得如何使用如何维修，必然能赢得顾客的信任，在顾客心中树立起专业的印象。相反，对于客户的质疑回答不上来，不知道自己的商品与别人的商品有什么不同，必定给顾客留下不好的印象。哪里有人愿意从一个比自己还不专业的人手中购买产品呢？

很多人创业失败的原因在于盲目，没有充分进行创业前的准备。创业者应该时刻注意学习和积累行业经验。

首先，创业者可以从自己的老板身上学习经验。那些在某一个领域取得成就的人，在创业这条道路上先行一步，并且已经取得了成功的结果，他的身上一定有值得学习的地方。而自己的老板，是最容易接触到的"创业先行者"，所以借鉴老板的经验是方便有效的方法。

其次，可以通过书籍、网络积累专业知识。那些专业化的书籍和专业网站都可以丰富创业知识。创业者应该主动去寻找跟行业相关的书籍网站，随时更新专业知识。

最后也是最重要的一点是从创业实践中汲取经验。只有空洞的知识没有真正的实践也是积累不了经验的。积累创业知识的最好途径就是创业实践。创业实践可通过兼职打工、进入相关行业求职、试办公司等方式。创业经验最有效的获取途径就是在不断的实践中总结。

在知识经济时代，拥有知识就是拥有财富，必须具备充足的行业经验，创业才会得心应手。因此创业者一定要随时补充专业知识，积累丰富的行业经验。

设计一个优秀的徽标

每个LOGO（徽标）都是一个企业的重要标志或重要特征，它是企业的形象，不仅可以明显地将该企业与其他企业区分开来，而且可以传达该企业的经营理念和企业文化，以形象的视觉形式宣传企业。因此，设计一个优秀的 LOGO 以自己特有的视觉符号系统吸引公众的注意力并产生记忆，使消费者对该企业所提供的产品或服务产生最高的品牌忠诚度。

英国心理学家丹尼尔·麦克尼尔曾经说过："对一个外表英俊漂亮的人，人们很容易误认为他或她的其他方面也很不错。"一个相貌姣好的人，能吸引周围人更多的关注和好感，而企业如果拥有一个优秀的设计标志，自然也能引起更高的关注度，将其与递增的美誉度联系起来，就能产生品牌效应。

作为创业者，应该都知道企业识别系统（CIS）这个概念。CIS，简单理解起来，就好比是一个人的相貌、穿着、打扮。

人主要是靠相貌、穿着、打扮来相互区分，企业则靠 CIS 来相互区分。因此，CIS 对一个企业的生存和发展具有重要价值。

一个由全球广告界权威和媒体人员组成的国际评审团，评选出了 20 世纪的 50 个最佳企业标志。"米其林轮胎人"被评为全球最佳企业标志，伦敦地铁标志、红十字标志、耐克标志和大众汽车标志分列 2~5 名。其中，米其林轮胎的 Bikn—dum、耐克的 Swoosh、大众汽车的 Volkswagen 都属于企业标志。

"米其林轮胎人"是一个由很多轮胎组成的特别人物造型，其最初的创意源于 1894 年在法国里昂举办的一次展览会。当时，米其林兄弟发现墙角有一堆相同直径的轮胎，如果加上手臂及腿脚，就是一个人形了。

于是，在米其林兄弟的授意下，广告设计师奥加罗昔根据那堆轮胎的造型，创造了"米其林轮胎人"，它还有一个可爱的法语音译名——"必比登"。

大众汽车公司的德文 Volkswagen，意思是"大众使用的汽车"。镶在汽车前部的图形商标，是德文 Volkswagen 中的两个字母（v）olks（w）agen 的叠合，嵌于一个大圆圈内。其组合的图形似三个用中指和食指做出的"V"字，表示大众公司及其产品"必胜—必胜—必胜"。大众商标简洁鲜明，令人过目不忘。

1972年，奈特和鲍尔曼发明出一种鞋，取名叫耐克（NIKE），这是依照希腊胜利女神的名字而取的。卡洛林·戴维森为运动鞋设计了第一个Swoosh（意为"嗖的一声"）标志，图像造型象征女神的翅膀，又好似一道闪电，极为醒目、独特，将耐克体育用品与速度、爆发力这些运动元素很好地联系起来。

由此可以看出，一个完整的识别系统将企业经营理念与精神文化传达给企业内部和社会大众，使其对企业产生一致的价值认同感和凝聚力，这对企业的发展壮大有着不可估量的潜在意义。但对于一个初创企业来说，建立一套完善的企业识别系统，条件尚不具备，但创业者至少应该在企业标志设计上多费些心思。

在企业识别系统的诸多视觉设计要素中，企业标志的应用最为广泛。如果企业有网站的话，企业标志通常也会作为网站LOGO。企业标志对企业品牌传播的重要性仅次于商号。而商号通常也会以一种艺术化的形式，出现在企业标志中。根据商号在企业标志设计中所占的地位，将企业标志分为以下两类：

1.字体标志

对商号名称的字体造型或衍生图案加以设计组合的一种企业标志，具有简洁明快的特点。无论是中文、英文还是阿拉伯数字，都可以进行设计。一个优秀的企业标志，至少应该具备以下特点：

（1）简洁醒目。宜将图形和色彩完美结合，忌堆砌设计元素。

（2）新颖独特。宜别出心裁，展示企业的独特个性，忌千篇一律。

（3）优美精致。宜均衡布局，兼顾画面的动静之美，忌粗制滥造。

（4）准确相符。宜使名称与图案相得益彰，忌不知所云。

2.企业标志的设计，重在创意

LOGO 是企业形象工程中最鲜明的一部分，以致很多人会错误地把它当作 CI 的主体，设计的关键是创意巧妙、新颖、别致。它不仅是实用物的设计，也是一种图形艺术设计。它与其他图形艺术表现手段既有相同之处，又有自己的艺术规律。它必须体现前述的特点，才能更好地发挥其功能。当然，LOGO 设计在追求的原则下重点需把握以下几点：

（1）设计要符合作用对象的直观接受能力、审美意识、社会心理和禁忌。

（2）构思须慎重推敲，力求深刻、巧妙、新颖、独特，表意准确，能经受住时间的考验。

（3）构图要凝练、美观、适形（适应其应用物的形态）。

（4）图形、符号既要简练、概括，又要讲究艺术性。

（5）色彩要单纯、强烈、醒目。

由于中外的设计理念、欣赏品味都有所不同，因此，国外的设计理念只可借鉴，不可照搬。设计企业标志，可以花几百元找专门的设计工作室去做。但作为设计委托人，你至少应该具备一定的鉴赏力，知道设计作品的优劣所在。

一个优秀的标志，一定要用不同的眼光来判断是否可行，以及是否美观。因为一个标志的外在似乎比其内在更加重要，一个最简单的标志，比一个深奥到让人不明白的标志要强上许多。因此，遵循标志艺术规律，创造性的探求恰当的艺术表现形式和手法，锤炼出精当的艺术语言使设计的标志具有高度整体美感、获得最佳视觉效果，是标志设计艺术追求的准则。

为企业起一个好名字

一个优秀的企业名字，在商业上具有重要价值，这是人们的共识。索尼公司创始人盛田昭夫说："取一个响亮的名字，以便引起顾客美好的联想，提高产品的知名度与竞争力。"这句话在一定程度上证明了公司名称的重要性。

公司及公司产品的名称对消费者的选购是直接影响的，所以，每一位公司经营者应该深深认识到它在竞争中所起的作用，从而精心设计公司的名称。公司名称的确立，在不同国家和不同年代有不同的色彩，它与一个国家的政治制度、经济制度、思想文化的发展有很大关系。在生产资料私有制的条件下，公司名称的确立一般是以公司创始人的名字或吉祥、响亮、含蓄、趣味等方面的因素来确定。

在日本胶卷市场，曾经有过这样一场竞争，竞争双方是富士和樱花两个公司。在 20 世纪 50 年代，樱花公司在胶卷市场有超过一半的占有率。然而，随着时代的变迁，富士的市场占有率越来越大，终于击败樱花公司，成为胶卷市场霸主。

根据市场调查，这场竞争的关键在于公司名称上。在日文里，樱花这个词语包括了桃色、软性、模糊的形象，而富士则和日本的富士山的蓝天白雪联想在一起，给人以良好形象。由于樱花受不良形象影响，各种广告都无济于事，只有节节败退。

因此，在给公司取名字时，应仔细研究消费心理以及市场的发展变化，为公司选取一个给人印象深刻、具有时代感与冲击力的名字。企业命名不是简单的字母组合游戏，没那么简单，其中的学问可真不小。

我国企业的命名，主要由行政区名称、字号（商号）、所属行业名及经营范围名称、组织形式称谓四段构成。其中，商号是唯一不可或缺的部分，也是最易被人记住的部分。所以说企业命名，实质上就是商号命名，比如我们熟悉的"阿里巴巴"公司，阿里巴巴就是商号，而公司的全称是"阿里巴巴网络有限公司"。那么，"阿里巴巴"这一商号到底是怎么来的呢？

有一次，马云到英国出差，在一家餐厅吃饭时，突然来了灵感。阿里巴巴，这个《一千零一夜》中的人物形象进入他的脑海，无论是知名度、商业寓意还是拼写、音韵，阿里巴巴对马云所要建立的事业来说都再贴切不过了。马云立即找来餐厅侍者，问他是否知道阿里巴巴，这个美国人笑着用英文回答道：我知道，阿里巴巴——芝麻开门。

后来，马云又在各地不断问着同一个问题："你知道阿里巴巴吗？"他得到的几乎都是肯定的答案。而且他发现只要懂英语的人，几乎都能拼出'Alibaba'，不管什么语种，发音也都差不多。马云满心欢喜地跑去注册域名，结果却大失所望。原来，这个域名两年前就被一个加拿大人注册了。

马云不甘心，找到那个加拿大人，双方商谈了好几个月，最终马云咬着牙，从50万元人民币启动资金中拿出1万美元（当时约合8万元人民币），从加拿大人手中买回了这个域名，这才有了今天的"阿里巴巴"公司。

为了得到"阿里巴巴"这个名字，马云着实费了一番工夫。今天看来，他确实没有白费工夫。马云早在创立阿里巴巴的时候，最初的意愿就是希望它能成为全世界的十大网站之一。于是，他就决定要用一个优秀的名字来代表品牌，让全世界的人都记住。

阿里巴巴的企业命名得益于马云式的"灵光一现"，但这样的灵感可遇而不可求。给企业命名，更多时候是一个想象力和逻辑思维综合作用的过程。企业经营者要想为自己的公司起一个经典的名称，要把握好下面这些要点：

1.名称要简短明快

名字字数少，笔画少，易于和消费者进行信息交流，便于消费者记忆，同时还能引起大众的遐想，寓意更加丰富。一般来说，名称字数的多少对认知程度是有一定影响的。字数越少认识程度越高，亦即名字越短越具有传播力。

2.名称要有影响力

公司名称应具备不同凡响的气魄，具有冲击力、有气魄，给人以震撼。

3.名称应具备独特性

一个具有个性的公司名称可避免与其他公司名称雷同，以防混淆大众记忆，并可加深大众对公司的印象。如北辰集团的"北辰"，天地快件中的"天地"，联想集团的"联想"等名称，都具有独特个性，使人印象深刻。

4.与经营理念相匹配

公司名称应符合公司理念、服务宗旨，这样有助于公司形象的塑造。如蓝鸟大厦的"蓝鸟"两字，真有如蓝色海洋中的一座岛屿，宁静、祥和，给人们提供一方憩息之地，从而树立了良好的公司形象。

5.响亮易上口

公司名称要响亮，易于上口。如"麦当劳"三字，响亮而又具有节奏感，因而极具传播力。如果名称比较拗口，节奏感不强，不利发音效果，也不利于传播，从而很难达到大众的共识。

6.要有时代感

公司名称的选择要富有时代感。富有时代感的名称具有鲜明性，符合时代潮流，并能迅速为大众所接受。

7.富于吉祥色彩

公司名称还要富于吉祥色彩，具有吉利的寓意，或者寄托企业发展的美好祝愿等。例如，金利来远东有限公司的"金利来"原来叫"金狮"，因考虑到金狮用有些地方的方言表达时，有"金输"的含义，这是犯忌的不吉利的名称，因而改为"金利来"，寓意给人们带来滚滚财源。

8.通用性

公司名称要考虑世界各地的通用性。如可口可乐公司早期在制定中国市场策略时，只是将该公司的名称 CoCa-CoLa 直译过来,翻译者将该名称发音相似的汉字进行排列组合，运用在饮料的包装上,当印有这些汉字的瓶装饮料出现在市场上时，极少有人问津。后来，可口可乐公司重新设计名称，饮料瓶上所注汉字则改为"可口可乐"。

对资金紧张的小本创业者来说，完全没必要在取名上花大价钱。只要你对公司有正确的定位，掌握上述命名规则，同时抓住转瞬即逝的灵感．就能"抓"住一个优秀的企业名称。

总之，判断一个公司名称好坏，标准在于是否易于记忆，其形象是否鲜明、表达能力强否、独特性如何、传播方便与否等。公司名称应当是音、形、意的完美结合，以达到好看、好记、好印象的效果。

第二章

制定详细可行的创业蓝图：创业从一份完美的商业计划书开始

第一节

商业计划书诸要素

制定商业计划书的理由

商业计划书（Business Plan），是公司、企业或项目单位为了达到招商融资和其他发展目标之目的，在经过前期对项目科学地调研、分析、搜集与整理有关资料的基础上，根据一定的格式和内容的具体要求而编辑整理的一个向读者全面展示公司和项目目前状况、未来发展潜力的书面材料。

对于创业者来说，制定商业计划书有多方面的原因：

1. 商业计划书体现了创业者的创业指南和行动大纲

创业并不是只凭热情的冲动，而是一种理性的行为。因此，在创业前，做一个较为完善的计划是非常有意义的。不论是创办一家互联网公司，还是创办一家服装店，良好的创业计划都是企业成功的重要一步。

一项比较完善的创业计划，可以成为创业者的创业指南或行动大纲。

商业计划书的制定与创业本身一样，是一个复杂的系统工程，它既是寻找投资的必备材料，也是企业对自身的现状及未来发展战略全面思索和重新定位的过程。商业计划书应能反映创业者对项目的认识及取得成功的把握，它应突出创业者的核心竞争力；最低限度反映创业者如何创造自己的竞争优势，如何在市场中脱颖而出，如何争取较大的市场份额，如何发展和扩张，种种"如何"是构成商业计划书的说服力。若只有远景目标、期望而忽略"如何"，则商业计划书便成为"宣传口号"而已。

商业计划书的制定本质上是企业对自身经营情况和能力的综合总结和展望，是企业全方位战略定位和战术执行能力的体现。它可以更好地帮助你分析目标客户，规划市场范畴，形成定价策略，并对竞争性的环境做出界定，在其中开展业务以求成功。商业计划书的制定保证了这些方方面面的考虑能够协调一致。

许多美国人习惯在创办企业之前，花上几个月，甚至一两年时间写出厚厚的几百页的商业计划书，把创办企业的每一个环节都搞得一清二楚。当正式成立企业时，商业计划书就会成为他们行动的指南，他们会完全按照商业计划书里所写的步骤行动。商业计划书也会变成事业执行书，如果在行动中想到什么新的主意，遇到什么新的情况，马上会被补充到商业计划书中去。

2.商业计划书是让风险投资家心动的理由

在商品经济的社会，资金是企业正常发展的关键命脉。对于正在寻求资金的企业来说，商业计划书是创业融资的"敲门砖"和"通行证"，良好的商业计划书是让风险投资家心动的理由。作为企业进行融资的必备文件，其作用就如同预上市公司的招股说明书，是一份对项目进行陈述和剖析，便于投资商对投资对象进行全面了解和初步考察的文本文件。

策划一份优秀的商业计划书，是敲开投资者大门非常关键的一步，因为投资者每天都会接收数量可观的商业计划书，其中只有约 1/10 的项目会令投资者略感兴趣。有统计表明：在经过常规程序的评估后，100 个商业创意中只有 3 个左右被认为有商业投资价值，条件合适时可能付诸商业投资行为；而这 3% 的商业投资项目、企业在创办后前 3 年内有 80% 多会失败、倒闭、破产或因经营不善而转手。

一份成功的商业计划书涵盖了投资人对于融资项目所需了解的绝大部分信息，但一般离不开以下题目：创业的理念、市场、客户、比较优势、管理团队、财务预测、风险因素，等等。对市场的分析应以数据为基础，由大入小，从宏观到微观，深刻地描述项目在市场中将争取的定位。对比较优势，应在非常清楚本身强弱情况及竞争对手的战略而作分析，至于管理团队，应从各人的背景及经验分析其对公司中不同岗位的作用。

财务预测是最关键的，应将绝大部分的假设及其所引致的财务影响彻底地描述及分析。当然，假设是不确定的，但有理有据的假设加上严谨的逻辑思维及系统的演示方法，将大大地增强可信性。虽知道绝大部分人都有倾向成功的心态，只要道理明白，不浮夸，自然会让人相信的。风险因素最能显示创业者是否真的明白自己的生意，风险因素多不等于该生意不该做，关键是如何控制或回避风险，能将控制或回避风险的手段交代清楚，是代表成功的重要一步。历史的统计数据告诉我们，任何商业创意在付诸实践之前都应经过严格的评审程序，制作商业计划书就是完成这一评审过程。

3.商业计划书具有无法衡量的价值

一位教授在讲到商业计划书时，曾这样问过他的学生："商业计划书有多大的价值？"他的学生回答道："几千美元到上万美元。"教授摇摇头说："不对，差远了。商业计划书的价值在于对决策的影响，就这点来说，商业计划书的价值是无法衡量的。"商业计划是为了预测企业的成长率并做好未来的行动规划，如果一个企业在决策之前不做一个非常周密的计划，那样的决策是缺乏根据的。

好的商业计划书是企业家和希望成为创业者的好帮手，好的商业计划书可以为客户创造价值、为投资商提供回报、为企业运行的发展策略提供指导，有了好的商业计划书还可以帮助创业者真正了解自己的企业，把主要精力集中到有关企业发展的关键环节。商业计划书的作用已经毋庸置疑，优秀的商业计划书是创业者达到成功顶点的必备条件，因此，学习制作优秀的商业计划书已经成为越来越多企业的"必修课程"。

商业计划书的第一部分：计划摘要

一份具有综合性并且经过精心策划的商业计划是使创业者和公司经理人走向成功的不可或缺的条件。不同行业的商业计划书形式有所不同，但是，从总的结构方面来看，所有的商业计划书都应该包括计划摘要、主体和附录3个部分。其中，商业计划书的第一部分就是计划摘要。

摘要是对整个计划书最高度的概括。计划摘要用最精练的语言，浓缩了商业计划书的精华，以最有吸引力和冲击力的方式突出重点，主要是用来激起投资者的兴趣，以求一目了然，以便投资者能在3～5分钟时间内评审计划并作出初步判断。计划摘要是引路人，把投资者引入文章的主体。摘要部分包括：

（1）简单介绍公司情况：主要介绍公司的一些基本情况，以及注册情况，历史情况、发展策略、财务情况、产品或服务的基本情况等。

（2）宗旨和目标：简要介绍公司市场目标和财务目标。

（3）目前股权结构：简要说明公司的股权集中度和股权构成。

（4）已投入的资金及用途：介绍一下公司主要资本的运

用情况。

（5）主要产品或服务介绍：描述公司的产品或服务的特殊性及目标客户。

（6）市场概况和营销策略：简述公司面向的主要市场和营销的主要策略。

（7）业务部门及业绩：对公司主要部门结构进行大致描述。

（8）核心经营团队：描述主要的团队成员。

（9）优势说明：阐明公司的优势所在。

（10）增资需求：说明公司为实现目标需要的资金数额。

（11）融资方案：介绍公司要采取筹措资金的方式。

（12）财务分析：确定这部分是真实的反映了公司现在的财务状况，包括现金情况和赢利状况。主要介绍企业财务管理的基本情况。现在正在运行的企业需要提供过去3年的财务报表、现金流量表、损益平衡表等，还要介绍申请资金的用途，投资者如何收回投资，什么时间收回投资，大约有多少回报率等情况。

摘要是整个商业计划书的"凤头"，是对整个计划书的最高度的概括。好的摘要能够回答"这是什么产品""由谁来制造""为什么人们会买"等问题。摘要还要回答"你要卖什么，卖给谁"等问题。因此摘要的重点是讲清楚产品的主要特点、市场情况、销售队伍情况、广告运用、销售技巧等。摘要还要说明产品的成本、成本构成、产品构成部分的可靠性和稳定性，以及产品的实际售价等问题。

摘要部分，是整个商业计划书的精华所在，也是打动投资人的关键环节，绝不可粗心马虎，简单糊弄。许多投资人就是在看了商业计划书概要部分之后才决定是否要看全文的。从某种程度上说，投资者是否中意你的项目，主要取决于摘要部分，可以说没有好的摘要，就没有投资。

在摘要部分，创业者需要向投资者重点传达以下信息：

（1）你的基本经营思想是正确的，是合乎逻辑的。

（2）你的经营计划是有科学根据的和充分准备的。

（3）你有能力管理好这个企业，你有一个坚强的领导班子和执行队伍。

（4）你清楚地知道进入市场的最佳时机，并且预料到什么时候适当地退出市场。

（5）你有符合实际的财务计划。

（6）投资者肯定能得到回报。

如果你能简洁清楚地把这些内容阐述明白，投资者一定会有兴趣读完你的商业计划书，高兴地把钱投入你的项目。

商业计划书的第二部分：主体

商业计划书的第二部分即主体部分，是整个商业计划书的核心。在主体部分，创业者向投资者总体概述了企业的各方面情况，展示他们要知道的所有内容。主体部分的功能是最终说服投资者，使他们充分相信创业者的项目是一个值得投资的好项目，以及创业者和其带领的团队是有能力让他们的投资产生最佳的投资回报。主体部分的内容要翔实，在有限的篇幅之内充分展示创业者要说的全部内容，让投资者知道他想知道的全部东西。主体部分按照顺序一般包括以下几个方面：

1. 公司介绍

主要介绍公司的一些基本情况，如公司的名称、地址、联系方式、宗旨等，以及公司的发展策略、财务情况、产品或服务的基本情况、管理团队、各部门职能等。

2. 项目产品或服务介绍

主要介绍项目的基本情况、企业主要设施和设备、生产工艺基本情况、生产力和生产率的基本情况，以及质量控制、库存管理、售后服务、研究和发展等内容。

3. 行业分析

主要介绍产品或服务的市场情况，包括目标市场、在市场竞争中的位置、竞争对手的情况、目标客户购买力、未来市场的发展趋势等。具体可以从市场结构与划分、目标市场的设定、产品消费群体、产品所处市场发展阶段、市场趋势预测和市场机会、行业政策这几个方面阐释。

4.项目竞争分析

主要介绍企业所归属的产业领域的基本情况，如行业结构分析、竞争者市场份额、主要竞争对手情况、潜在竞争对手情况和市场变化分析、公司产品竞争优势等以及企业在整个产业或行业中的地位，企业的竞争对手的相关情况等。

5.项目市场营销计划

主要介绍企业的发展目标、市场营销策略、发展计划、实施步骤、销售结构、整体营销战略的制定以及风险因素的分析等。具体可以从营销方式、销售政策的制定、销售渠道、主要业务关系状况、销售队伍情况及销售福利分配政策、促销和市场渗透、产品价格、市场开发规划和销售目标等方面介绍。

6.企业的管理介绍

主要介绍公司的管理理念、管理结构、管理方式、主要管理人员的基本情况等。

7.项目投资说明

主要介绍企业在投资过程中相关说明，包括资金的需求、使用以及投资的形式，如资金需求说明、资金使用计划及进度、投资形式、资本结构、回报、偿还计划、资本原负债结构说明、投资抵押、投资担保、吸纳投资后股权结构、股权成本、投资者介入公司管理之程度说明等。

8. 项目投资报酬与退出

主要告诉投资者如何收回投资，什么时间收回投资，大约有多少回报率等情况。如股票上市、股权转让、股权回购、股利。

9. 项目风险分析

主要介绍本项目将来会遇到的各种风险，如资源风险、市场不确定性风险、生产不确定性风险、成本控制风险、研发风险、竞争风险、政策风险、财政风险、管理风险、破产风险等，以及应对这些风险的具体措施。

10. 经营预测分析

增资后5年内公司销售数量、销售额、毛利率、成长率、投资报酬率预估及计算依据。

11. 项目财务分析

主要对未来5年的营业收入和成本进行估算，计算制作销售估算表、成本估算表、损益表、现金流量表、计算盈亏平衡点、投资回收期、投资回报率等。

一份成熟的商业计划书不但能够描述出创业公司的成长历史，展现出未来的成长方向和愿景，还将量化出潜在赢利能力。这都需要创业者对自己公司有一个通盘的了解，对所有存在的问题都有所思考，对可能存在的隐患做好预案，并能够提出行之有效的工作计划。商业计划书的第二部分就是展示企业各个方面情况的一个平台。创业者对自己的企业越了解，也就能以最快的速度，抓住投资者的眼球，有效融资。

商业计划书的第三部分：附录

附录经常作为商业计划书的补充说明部分。由于篇幅的限制，有些内容不宜在主题部分过多的描述，附录的功能就是提供更多的、更详细的补充空间，完成主题部分中言犹未尽的内容或需要提供参考资料的内容，供投资者阅读时参考。每份商业计划书在附录中都有大量的财务预测，作为执行计划和财务计划中有关财务的总结。附录的内容主要有：

1. 附件

（1）营业执照影印本。

（2）董事会名单及简历。

（3）主要经营团队名单及简历。

（4）专业术语说明。

（5）专利证书、生产许可证、鉴定证书等。

（6）注册商标。

（7）企业形象设计、宣传资料（标志设计、说明书、出版物、包装说明等）。

（8）简报及报道。

（9）场地租用证明。

（10）工艺流程图。

（11）产品市场成长预测图。

2.附表

（1）主要产品目录。

（2）主要客户名单。

（3）主要供货商及经销商名单。

（4）主要设备清单。

（5）主场调查表。

（6）预估分析表。

（7）各种财务报表及财务预估表。

一般来讲，商业计划书的内容格式都有一定之规，大同小异，但几个重点方面还是要多加斟酌：

（1）产品独特之处，特别是该项目的进入壁垒。

（2）赢利模式，即客户为何必须购买你的产品，增长潜力有多大。

（3）市场分析，一定要给投资者清晰的目标顾客概念，潜力分析要有理有据。

（4）公司战略与产品竞争策略，这也是投资者关心的焦点问题。

（5）近期和中期资金使用计划。

（6）营销模式的有效性。

第二节

商业计划书的主要构成

公司介绍

在向投资者介绍营销策略、新产品、新技术、新服务、新想法之前，你必须先向投资者详细介绍基本情况，如公司的名称、注册地点、经营场所、公司的法律形式、企业的法人代表、注册资本等。有些内容需要下工夫写好的，如企业的目的、发展目标、市场营销、经营管理等。在对公司情况介绍的时候，创业者要客观中肯，不回避失误。中肯的分析往往更能赢得信任，从而使人容易认同企业的商业计划书。

介绍公司可从以下几个方面入手：

1.公司的基本情况

首先创业者要将公司的名称、地址、电话号码，联系人等资料清楚无误地展示给投资者。注意，一定要给投资者一个可以联系到的联系方式。商业计划书要包括公司的法律名称、商标或品牌名称、公司商业用的名称、子公司名称等内容。千万不要缩写公司的名字。商业计划书还必须表明企业的法律形式，是责任有限公司还是合伙人公司，或是个人独资公司等。同时注明公司是在哪里注册的，法人代表是谁等。

2.产品或服务介绍

在进行公司介绍时，投资人最关心的问题之一就是产品或服务。这部分可以单独成为一个段落，也可以与企业描述部门合并。如果你的产品或服务技术性很高或者很有独特性，最好把这部分内容单独成为一部分，在此可以稍作提及，保证完整性。因此你需要非常详细地描述清楚你的企业和企业提供的产品或服务。

在此介绍的时候，要着重提出产品或服务的独特地方，不需要面面俱到。

3.项目的独特性

创业者在向投资者介绍完公司的基本情况后，可向投资者展示公司不同的优势，即公司独特的方面如项目、产品、管理方式、商业模式等，并解释独特的原因，让风险投资者满意、放心。

4.公司的发展阶段

许多投资者都希望知道企业目前发展到什么程度，经历了哪些主要的发展阶段，你已经取得了哪些进步和成绩。在商业计划书中首先要写公司成立的时间，然后写企业的主要发展阶段和企业的近期目标。企业的主要发展阶段包括企业创立的情况、企业早期的发展情况、企业的稳定发展期的情况如新开发的产品、提供新服务，企业扩张期的情况如企业合并、企业改产、企业重组等，还应说明企业距离预定目标还有多远。

5. 公司的管理队伍

"投资是一项经营人才的业务"，越来越多的事实证明商业竞争的实质就是人才的竞争，谁能让人才留驻并善用他们，谁就能在商业竞争中获胜。创业者不仅要向投资者介绍你管理队伍的概况，而且要介绍他们是如何形成一个整体团队进行工作的。

该部分主要介绍公司的管理情况，领导者及其他对公司业务有关键影响的人。通常，小公司不超过3个关键人物，风险投资者对关键人物十分关心。你应该从最高层起依次介绍，主要包括董事和高级职员、关键雇员，管理者之职业道德和薪金等方面。注意，关键人物不等于有成就者。另外，可介绍一些外部支持：公司目前已与下列外部顾问机构发展了业务关系：会计师事务所、律师事务所、顾问或咨询公司。

6. 公司的业务情况

这里，创业者要力求用最简练的一段话描述公司的业务情况。更重要的是，要用最简短的一句话使风险投资者可以概略认识你的公司。如果你的公司已是计算机网络成员，则对公司的描述应与计算机中的描述一致，这样，风险投资者可以依据你的行业分类目录概略认识你的公司，如果你的文字不够简明扼要，则对方可能要求你作解释，以确认你的公司所属行业。

7.公司的财务状况

在公司介绍部分需要简单介绍你的企业的财务状况。如：从企业创立到目前为止资金的来源状况，主要财务人员和各自的财务责任。你的项目需要多少钱，怎么利用这些钱。此部分需要简单介绍，具体的企业财务状况要在后边的财务部分详细描述。

8.公司未来的发展规划

风险投资者会寻求有关公司未来某一时期的信息，他们可能提出涉及未来关键阶段的问题，例如："你如何完成计划书规定的关键指标？"在这部分创业者应该作一定的说明。

9.公司的风险控制

需要评估你的业务的主要风险包括管理问题、市场状况、技术状态和财政状况。这些风险包括以下方面：有限的操作经验，有限的技术力量，员工熟练程度，资源数量，有限的管理经验，市场的某些不确定因素，生产上的某些不确定因素，来自竞争对手的威胁，防止假冒伪劣商品问题，对关键管理方式的独立性问题，等等。

另外，创业者还可以向投资者阐述企业的专利、许可证或版权等情况。如果企业有很多的专利、许可证或版权，也没有必要把它们全部列出一一介绍，只需要写出数量和种类就可以了。有时候为了更有说服力，也可以从中挑选出几个最有代表性的作简单说明。

产品或服务

风险企业的产品、技术或服务能否以及在多大程度上解决现实生活中的问题，或者风险企业的产品或服务能否帮助顾客节约开支，增加收入，成为投资人在评估项目时的重要参考之一，因此，产品介绍是商业计划书中必不可少的一项内容。此部分主要是对公司现有产品和服务的性能、技术特点、典型客户、赢利能力等的陈述，以及未来产品研发计划的介绍。

在产品或服务介绍部分，投资者希望了解有关客户需求的功能与产品细节。

任何一个投资者都希望从计划书里了解产品的细节和其能满足的客户需求的功能，对于此他们希望能知道：

（1）产品是什么。创业者在介绍产品概念、特征时，最好提供产品的图片或者模型，使产品能真实地展现在投资者面前。

（2）介绍产品的性能及特性，即产品能满足客户怎样的需求，能怎样帮助客户解决现实中的问题。

（3）产品的市场前景预测即产品的目标细分市场在哪里。

创业者需要清晰解释产品的市场定位，产品是如何走入细分市场的，或者说创业者采取了什么样的服务手段使产品拥有美好的市场前景。

（4）产品的市场竞争力。创业者要说明本公司提供何种独一无二的具有附加价值特性的产品给顾客，这些特点是怎样转化为公司的竞争优势的，本公司的产品与竞争者的产品有何不同，产品的独特性在哪里，产品在市场上是否享受优先或保护性的地位等问题。

（5）产品的品牌和专利即公司是否已经对产品进行了专利申请，产品有专利、商业秘密或另外的私有特征吗？创业者要稍作说明。

（6）产品的研究和开发过程。创业者还需要向投资者阐述本公司产品的研发过程，以及后续开发等，是否已经形成产业链，是否有产品延伸或有开发相关产品或服务的潜能，以及发展新产品的计划和成本分析等。

以上6个方面是产品或服务介绍的主要内容，在产品或服务部分，投资者最关心的是：

（1）客户希望企业的产品能解决什么问题，顾客能从企业的产品中获得什么好处？

（2）企业的产品与竞争对手的产品相比有哪些优缺点，顾客为什么会选择本企业的产品？

（3）为什么企业的产品定价可以使企业产生足够的利润，为什么用户会大批量地购买企业的产品？

（4）企业为自己的产品采取了何种保护措施，企业拥有哪些专利、许可证，或与已申请专利的厂家达成了哪些协议？

（5）企业采用何种方式去改进产品的质量、性能，企业对发展新产品有哪些计划，等等。

在撰写产品或服务部分最常遇到的问题就是，由于在大多数情况下，商业计划书的执笔者就是创业者本身，他们大多是技术出身，对于自有产品和技术有着一种自然而然的自豪和亲近，所以经常陷入"情不自禁"和"滔滔不绝"的情绪之中，对于产品技术的介绍过于专业和生僻，占用了过多的篇幅。因此企业家要注意，在对产品或服务作出详细的说明时，要准确，也要通俗易懂，使不是该领域专业人员的投资者也能明白。

创业者一般对自己的产品和服务都比较熟悉，在撰写的时候也相对容易。虽然夸赞自己的产品是推销所必需的，但应该注意，企业所做的每一项承诺都要努力去兑现。要牢记，企业家和投资家所建立的是一种长期合作的伙伴关系。空口许诺，只能得意于一时。如果企业不能兑现承诺，不能偿还债务，企业的信誉必然要受到极大的损害，因而是真正的企业家所不屑为的。

而另一方面，投资人本质上是极为看重收益和回报的商人，而且他们多是经济或金融背景，对于技术方面的专业介绍也不是特别在行。他们更加认同市场对于公司产品的反映。所以，建议在产品和服务部分只需讲清楚公司的产品体系，向投资人展示公司产品线的完整和可持续发展，而将更多的笔墨放在产品的赢利能力、典型客户、同类产品比较等内容的介绍上。

产业环境分析

研究和分析一个产业，首先要看影响产业的发展因素，即对产业环境进行分析。对自己所属的行业进行分析是企业经营的前提条件，因此投资者在评估项目的时候，也往往把创业者的项目放在产业环境的大背景下进行考虑。在产业分析中，应该正确评价所选产业的基本特点、竞争状况以及未来的发展趋势等内容。这里，风险投资者会千方百计分析、认识你的行业。而创业者制定竞争战略的本质，在于把企业与其所处的环境联系起来，这种环境的关键方面是参与竞争的某个或某些产业。因此，企业最关心的是其所在产业的竞争状态。产业环境的分析主要包括两个方面，一是产业中竞争的性质和该产业中所具有的潜在利润；二是该产业内部企业之间在经营上的差异以及这些差异与它们的战略地位的关系。

应该注意的是，你所介绍的本行业一定时期内的销售额，不能包括未来你产品占领的领域的销售额。例如：若一个公司只制造微型电脑，则不能说已占领了全部电脑市场。微型电脑市场只是整个电脑市场的一部分,对应的行业只是微电脑市场,而不是全部电脑市场。

关于产业环境分析的典型问题有以下几点:

(1)该产业发展程度如何,现在的发展动态如何,与现有企业之间的竞争状况如何。

现有企业间的竞争是指产业内各个企业之间的竞争关系和程度,不同产业竞争的激烈程度是不同的。如果一个产业内主要竞争对手基本上势均力敌,无论产业内企业数目的多少,产业内部的竞争必然激烈,在这种情况下,某个企业要想成为产业的领先企业或保持原有的高收益水平,就要付出较高的代价;反之,如果产业只有少数几个大的竞争者,形成半垄断状态,企业间的竞争便趋于缓和,企业的获利能力就会增大。

(2)创新和技术进步在该产业扮演着怎样的角色?创新和技术进步是保持企业竞争优势的重要环节,企业应该正确评估创业和技术进步在该产业中扮演的角色,以便及时了解行业动态,提高企业的核心竞争力。

(3)该产业的总销售额有多少,总收入为多少,发展趋势怎样,了解该产业的发展趋势,对企业的发展提供行动指南。

(4)价格趋向如何?企业应该关注在产业中,供买双方讨价还价的能力。供方是指企业从事生产经营活动所需要的各种资源、配件等的供应单位。它们往往通过提高价格或降低质量及服务的手段，向产业链的下游企业施加压力，以此来榨取尽可能多的产业利润。

作为买方（顾客、用户）必然希望所购产业的产品物美价廉，服务周到，且从产业现有企业之间的竞争中获利。因此，它们总是为压低价格，要求提高产品质量和服务水平而同该产业内的企业讨价还价，使得产业内的企业相互竞争残杀，导致产业利润下降。因此，在向市场提供产品或服务的时候，一定要洞悉价格走势，因为价格直接影响到企业的赢利水平。

（5）经济发展对该产业的影响程度如何？政府是如何影响该产业的？经济领域范围很广，你从事的领域可能属于其中

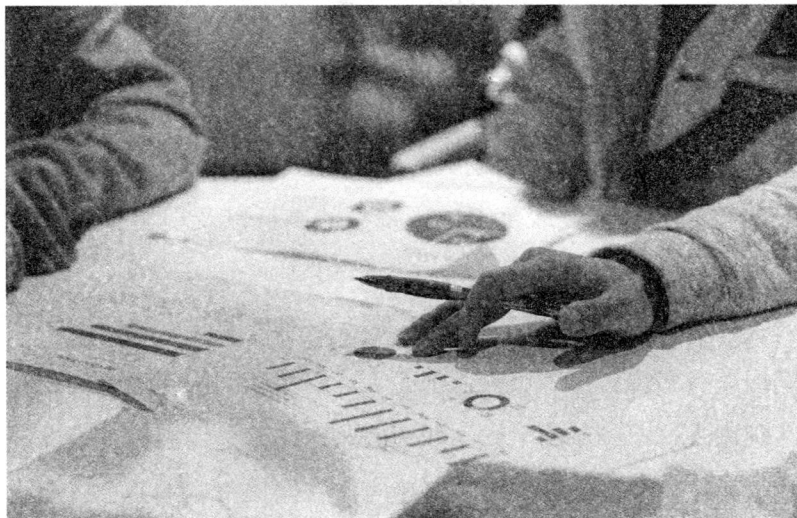

图片来源：摄图网

的一个领域或几个领域。由于企业可能归属于几个不同的经济领域，因此企业的发展受到不同经济领域变化的影响。在商业计划书中很难面面俱到地详细分析你所从属的所有的领域，但是你至少应该知道你所从属的主要的经济领域的过去发展情况和未来的发展趋势。

（6）是什么因素影响着它的发展？很多因素都会影响行业发展，从而关联到企业发展以外，还有很多自然或人为的因素影响企业的发展。在商业计划书里，创业者还要说明影响行业发展的主要因素，并阐明创业者如何应对这些变化。

（7）竞争的本质是什么？对于那些潜在进入者的威胁将采取什么样的战略？所谓潜在进入者是指产业外随时可能进入某行业的成为竞争者的企业。由于潜在进入者的加入会带来新的生产能力和物质资源，并要求取得一定的市场份额，因此对本产业的现有企业构成威胁，这种威胁称为进入威胁。进入威胁的大小主要取决于进入壁垒的高低以及现有企业的反应程度。

（8）进入该产业的障碍是什么？你将如何克服，该产业回报率有多少？每一个行业都面临着壁垒和门槛问题，创业者在刚进入这一领域的时候，如何面对这些壁垒门槛，也是投资者很关注的问题之一。投资者还对投资回报率非常关心，创业者在阐述的时候可以把该行业的回报率向投资者说清楚。

（9）与同行其他产品相比较，你的产品新颖处何在？你的核心竞争力在哪里？你的销售范围有多广，是地方、地区、全国，还是全世界？这些都可以在行业分析力向投资者阐述明白。

企业的发展离不开行业市场的变幻，但是无论怎么变化，终究逃脱不了行业的发展周期这一规律。企业在重视微观环境分析即自身分析的同时，也要重视宏观环境以及中观行业环境分析，这样才能做到一举兼得，才不会导致企业犯常规的错误，乃至战略失误。具体要注意以下两点：

（1）创业者应该对新企业所处的环境及如何帮助实现或阻碍某些特定计划，有非常清楚的认识。

（2）创业者应该知道环境将会不可避免地发生变化，并能描述这些变化将如何影响企业。更进一步，计划书还应对环境变得不利时管理人员采取的或能够采取的措施详加说明。

不同的企业可以根据实际状况和不同阶段行业发展特点制定不同的战略目标，以清楚地看到自己的位置，乃至所处行业的位置。

目标市场

虽然企业应该尽量把目标市场范围定的宽一点，把所有将来会使用你的产品或服务的潜在顾客都包括在内，但是，人们常常把自己的市场定义的尽可能的大,这样往往给人的感觉是,仿佛有一个很大的市场需要你去开发,也容易引导出一种错误的投资决定。因此在定义目标市场时,特别需要定义你的市场区隔。一定要有一个清晰明确,有意义的市场区隔,负责目标市场将毫无用处。正确地定义目标市场,是商业计划书中重要的一部分。

1.确定目标市场

目标市场是企业的"经营之箭",而市场细分是对企业的定位。你应该细分你的各个目标市场,并且讨论你到底想从那里取得多少销售总量、收入、市场份额和利润。了解目标市场可以更科学地制定市场销售策略以及开发新产品或服务,还可以预测未来的销售和利润情况。在撰写目标市场部分时主要集中在对市场的描述、市场变化趋势和销售策略几个方面。投资者最关心的是你的产品或服务一定要有足够大的市场,你是否清晰地了解你的机会和限制。投资者要求企业确保产品或服务有足够的市场,企业要充分了解自己的市场机会和局限性,必须向投资者证明自己有清晰明确、伸手可及的目标市场。

2.分析市场情况

欲获得风险投资的企业对市场的预测应建立在严密、科学的市场调查基础上。企业所面对的市场,本来就难以捉摸,意欲获得风险投资的企业更加变幻不定。因此企业需要尽量扩大收集信息的范围，进行有效的市场分析。市场是否存在对这种产品的需求？需求程度是否可以给企业带来所期望的利益？市场规模有多大？需求发展的未来趋向及其状态如何？影响需求都有哪些因素？市场中主要的竞争者有哪些，是否存在有利于企业产品的市场空白点？本企业预计的市场占有率是多少？本企业进入市场会引起竞争者怎样的反应，这些反应对企业会有什么影响？等等。

企业可以从以下一些因素中，分析本企业市场规模和未来变化：

（1）你的企业现在的产品销售量和市场份额如何？销售量与市场份额随时间而波动吗？

（2）你的目标市场的结构现在是什么样，它正在经历哪些变化？

（3）你的目标市场的增长率是多少？

（4）你的顾客对产品的使用正在发生哪些变化？

（5）什么因素影响顾客的购买力和敏感性？这些因素有什么变化趋势？

（6）社会价值正在经历哪些变化，它们对产品或服务有什么影响？

（7）什么因素影响顾客的需要？这些因素有什么变化趋势？

（8）顾客怎么改变使用产品或服务的习惯？

（9）行业趋势表明什么新的技术已经开发出来以及新的、正在改变的客户需求是什么？

（10）你的公司和你的产品如何适应此行业？

（11）你的产品如何渗透进此行业？

（12）竞争者关于行销、经营、管理、财务、产品、价格、促销、通道和生产方面的优势和弱点是什么？

有了数据，就可以对这些调查数据进行有效分析。市场分析能帮助对预测结果进行可行性判断，并能衡量预测目标市场是否脱离现实或高或低。

3. 了解客户情况

因为风险投资的成功最终依靠客户，所以知道客户是谁极其重要。经营者要时时提醒自己他们需要依靠客户的满意度和忠诚度。因此创业者要详细了解自己客户的情况，具体可从以下几个方面入手：

（1）谁是产品主要的购买者？他们拥有什么样的个人背景特征？

（2）这些购买者为什么购买产品，是为了寻求用途还是别的什么原因如方便、省时和省钱等？

（3）顾客具有品牌忠诚度吗？

（4）他们的购买频率如何？

（5）客户是怎样决定购买的？

（6）产品适合客户偏好吗？

（7）产品是价格重要还是性能重要？

（8）产品有不同的客户群（区域）存在吗？区域之间的不同在哪里？区域之间的相似性在哪里？

（9）销售是复杂且时间长的，还是相对简单且直线型的？

（10）产品的成本较大还是较小？

客户资料可能包含实际的或潜在的客户列表。另外，如果有客户购买产品，此商业方案应该解释为什么此购买行为会发生。

4. 了解竞争对手的情况

值得注意的是，商业计划书应详尽地向投资人分析竞争对手的状况。风险投资者希望了解：谁是竞争者？其实力如何？有何优势，以及你自身有哪些优势？当考虑竞争者因素时，经营者应该记住两点。第一，他们绝不能假定竞争者不是威胁。第二，经营者需要确保他们对竞争者的分析和评估是综合的，同时也是真实的。仔细的经营者会收集很多竞争对手的资料。

创业者应充分掌握自己的潜在竞争者的优势和劣势，对主要竞争者的销售、收入、市场份额、目标顾客群、分销渠道和别的相关特征等作出合理估计。尽量压缩这些细节，以使风险投资者能够坚持读下去。

5.合理预测市场状况

当企业要开发一种新产品或向新的市场扩展时。首先要进行市场预测，如果预测的结果并不乐观，或者预测的可信度让人怀疑，那么投资者就要承担更大的风险，这对多数风险投资家来说都是不可接受的。

市场预测主要包括几个方面：市场是否存在对这种产品的需求？顾客的需求程度是否可以给企业带来所期望的利益？新的市场规模有多大，需求的未来发展趋向及其状态如何？本企业预计的市场占有率估摸是多少？市场中主要的竞争者有哪些？是否存在有利于本企业产品的市场空当？本企业进入市场会引起竞争者怎样的反应？这些反应对企业会有什么影响？等等。

在商业计划书中，市场预测应包括以下内容：市场现状综述、竞争厂商概览、目标顾客和目标市场、本企业产品的市场地位、市场情况和特征等。

了解目标市场可以更科学地制定市场销售策略以及开发新产品或服务，还可以便于撰写商业计划书。只有对目标市场作出清晰的分析和预测，才能保证在激烈的商场竞争中长盛不衰，反之则必将在激烈的市场竞争中被淘汰出局。

企业对市场的预测应严密，在科学的市场调查的基础上，应尽量扩大收集信息的范围，采用科学的预测手段和方法。创业者应牢记，市场预测不是凭空想象出来，对市场的错误认识是企业经营失败的最主要原因之一。因此，在撰写商业计划书和准备创业时，一定要对市场有一个清晰的认识。

营销策略

不能找到客户就不能生存是企业经营的最基本原则。拥有了优质的产品和良好的市场机遇，还需要一个切实可行的营销战略和实施计划来配合，营销战略应该讨论市场调研的结果和产品或服务的价值提议。其中对市场的敏锐洞察和深入了解是决定产品能否进入市场获得成功的最重要的因素。商业计划书中这一部分内容的主要目的是使投资者确信这一市场是可以开发和渗透的。

在商业计划书中，营销策略是描述企业行销的计划以及销售战略，应包括市场机构和营销渠道的选择、营销队伍和管理、促销计划和广告策略、价格决策，这样才能保证最后的成功。

1. 选择市场机构和营销渠道

行销渠道和市场机构对许多刚起步的公司而言是成功的关键。通过既定的中间商来销售产品通常会比直销更实际，尽管中间商拿走了部分的利润，但是量的增长通常弥补了利润的损失。而在合适的区域设定市场机构对于货品供应、运输、物流调控以及市场需求量有重大的影响。在利用市场机构或其他渠道进行营销时，一定要调查清楚：

（1）产品通常怎样卖出去？

（2）用户通常怎样寻找和购买相似产品？

（3）中间商的任务与职责是什么以及他们如何得到补偿？

（4）是什么需求刺激中间商推销新产品的？

（5）为了使行销通道有效供应的责任是什么？

而对于市场机构的设立则需要考虑更多"人"的因素，市场机构面临的直接客户区域范围是多大？该市场机构的人员该如何配置？该市场机构针对的是哪类的目标客户？该市场机构所选用的主要营销渠道？市场机构设立的数目、地理位置？这些市场机构设立的因素对于企业产品、服务影响也是不容忽视的。

2.制定市场计划和销售策略

好的市场计划就是要能够接近顾客，激发顾客的购买欲望，最终把顾客的购买欲望变成购买现实。一旦定义你的目标市场之后，就要估计其规模和发展趋势，分析竞争对手的情况，探查市场和制定销售策略。投资者认为在进行市场渗透时应该把一个大市场进行区隔，有目的地制定市场销售策略。在设计市场策略时最好聘请市场顾问、广告代理人、公共关系顾问等方面的专家一同参与设计，他们可以根据专业方面的背景帮助你突出重点，提高效率。

在介绍市场计划时，你应该突出市场和销售并重的原则，清楚地阐述以下内容：

（1）如何让顾客知道你的产品或服务。

（2）产品或服务的价格优势。

（3）产品或服务的地点优势。

3. 管理营销队伍

营销队伍的管理就是在不断培养、提高营销人员素质的过程中，优化营销队伍结构，激励、引导营销人员，以较少的投入获得较大的推销业绩，积极认真地为企业收集有利于企业长远发展的市场信息，为营销决策提供依据。优秀的销售经理是有理想、有抱负、有能力、经验丰富、独立工作能力强的行业精英。身为管理者，如果不了解他们，与他们的理念、价值观分歧较大，就可能根本搞不清楚自己需要怎样的销售人才，或者招聘不到需要的销售人才，或者即使招聘到合适的销售人才，也因为没有用武之地，发挥不出作用而最终挂印封金，悄然离去。因此创业者一定要善于管理营销队伍。

如何管理好营销队伍成为摆在所有企业总经理面前的一把双刃剑。它既是总经理职业生涯中的一次历练，又事关企业的生命线。而管理营销队伍需要管理者明白营销队伍的规模是多大？如何监控管理营销队伍？业绩的指标如何设定？如何激励营销队伍等问题。

4.设计促销计划和广告策略

促销就是营销者向消费者传递有关本企业及产品的各种信息，说服或吸引消费者购买其产品，以达到扩大销售量的目的。促销实质上是一种沟通活动，即营销者（信息提供者或发送者）发出作为刺激消费的各种信息，把信息传递到一个或更多的目标对象（即信息接受者，如听众、观众、读者、消费者或用户等），以影响其态度和行为。促销计划是配合营销策略，由直接销售人员面对终端客户执行的有助于产品或服务销售的活动计划。促销计划需要注意的要点包括：

（1）渠道要多样化、均匀化，以保证有购买冲动的消费者方便购买。

（2）能制造"新闻"宣传效应。

（3）利用广告。广告是十分有效的传播工具。但广告非常昂贵，判断其有效性也是非常困难的。在设计广告方案时，企业得考虑下列问题：广告对你成功的重要性有多大？广告的成本是多少？广告的信息是什么？应该强调什么用途？如何评价你的广告有效性？广告将占营销百分比的多少？你的促销手段是什么？你的广告花费比竞争者的如何？你的产品服务政策是什么？为配合产品或服务的销售，广告是目前企业进行最多的推广活动，广告的投放与设计更会对产品的销售、企业形象的建立具有重大的影响，而广告策略更是如同骨架一样支撑着广告内容。

（4）价格决策。在一个不断扩大的市场，"以合理的价格卖优质产品"不是可采取的路线。在使投资者确信想法可行之后，经营者不应该告诉投资者产品的定价应该在竞争者之下。如果产品和商业方案所说的一样好，那么投资者就可能认为这是不良销售人员的信号，而只好采取定价策略。讨论价格，应该包括定价目标、政策和毛利。应该考虑下列问题：

定价战略是什么？价格（成本、投资回报、竞争、市场灵敏度）是怎么决定的？什么是各种品牌的利润率？广告成本和其他行销支出之后的定价是多少？你的价格与竞争者相比怎样？市场对任何差异反应灵敏吗？如果价格高，你能成功吗？如果价格低，是竞争力导致价格下降吗？顾客需求、竞争需求和成本考虑定是影响定价决策的主要方面。

（5）建立固定的老客户。对消耗性产品，坚定固定的长期顾客十分重要。有了固定的长期顾客，第一可以建立一个固定的销售基础，保证他们能不断从你的企业购买产品或服务。企业对建立这种关系都非常重视，并且在不断创新巩固现有的客户群和扩大新的客户群。

企业在销售点频繁的促销活动，能迅速拉近消费者与产品的距离。现场促销往往气氛更热烈，带给人一种激动人心的感觉，消费者可以较快认识产品，此一手段与立体化的媒体遥相呼应，对产品促销十分有力。而在需要解决大量产品库存时，促销计划又能帮助产生一种销售浪潮增加库存流通量。

风险投资者将集中精力分析研究你的市场行销战略，他希望了解你的产品从生产现场最终转到用户手中的全部过程。所以创业者在商业计划书里，要详细分析产品的营销策略。

人力资源管理

企业管理的好坏以及团队执行的强弱，直接决定了企业经营风险的大小。高效的管理团队和良好的组织结构则是管理好企业的重要保证，因此风险投资家会特别注重对管理队伍的评估。一个好的策划和项目要想成功，必须有一个强有力的管理队伍去执行，队伍中的执行力应该集管理、技术、市场、财务等各方面的精英。

很多潜在投资者把管理团队视为一份商业计划书获得成功的最关键因素。风险投资者会仔细考察所投资企业的管理者队伍，这一管理队伍必须在技术发展、营销、销售、生产和财务等方面具备一定的经验和才能。

因此在撰写商业计划书时，创业者就要在人力资源管理方面下工夫。认真评价企业内部的人事情况，分析优缺点，对企业主要领导人员更要突出描述他们的情况，向投资者显示企业内部有良好的组织结构。企业的运作机制可以充分发挥每个员工的积极性，特别是可以充分发挥领导班子成员集体的管理优势。

在准备有关企业管理部分的内容时，应该把重点集中在两个方面：

1. 介绍企业管理的主要领导人员的情况

你必须对公司的管理团队的主要情况作全面介绍，包括公司的主要股东及他们的股权结构，董事和其他一些高级职员，关键的雇员以及公司管理人员的职权分配和薪金情况。有时候介绍他们的详细经历和个人背景也是十分必要的。

企业最重要的人物就是企业的创始人，对于刚刚成立的公司更是如此。在公司刚刚创立时，创始人亲自担任最高的领导，亲自负责日常的事务。投资者非常重视企业主要领导人的经历和能力，因此在商业计划书里要对企业董事会成员及业务经营的关键人物进行介绍。对管理层关键人物的介绍既不能夸张，也不要过于谦虚，要实事求是地对其以往业绩做出描述。

（1）董事与经理：最好列出所有董事会成员、高层经理人员及关键雇员名单，包括其姓名、职位及年龄。

（2）关键雇员：要求列出 3 名关键雇员并以简历形式对其简要介绍。在介绍的时候，乐意将他们成功的经历、业绩、对企业的帮助向投资者解释清楚。

（3）管理层的忠诚度：企业家必须向风险投资人证明自己及其管理队伍的凝聚力和忠诚度。

（4）薪酬：这部分内容需要描述企业如何建立一套有效的奖励机制，通过报酬，福利或其他方式激励员工奋发向上。在介绍企业的报酬和奖励机制时，要充分体现按劳取酬的原则，向投资者显示企业的报酬和激励机制是一整套合理、公平的机制。在撰写这部分内容时，要选择重点简练介绍。

（5）股票期权：要求以表格形式列出所有目前尚未兑付的股票期权。对每一位享有股票期权的企业成员，均应列出其全部的期权数量、平均执行价格、已经兑付的期权数量和尚未兑付的期权数量，对那些到目前尚未兑付的期权，还应说明理由。

（6）主要股东：投资商一般要了解董事会股东的组成和各自的投资比例情况。商业计划书可以通过表格列出董事会成员和他们在企业的投资情况，以及他们的专业背景。

（7）利益冲突：在管理层描述中再次提到利益冲突这个问题主要是为了使关联交易得到充分的披露。企业家应该对发生在管理层成员与本企业之间的交易进行说明，如某一个董事可能为企业提供服务，反过来也可能从事企业获得部分股票或股票期权或其他形式的报酬。

（8）顾问委员会：有许多专业人士如律师、财务顾问、管理顾问、市场销售顾问、设计顾问、产业专家等为企业的发展提供许多有价值的服务。这些人具有专业知识，对企业的发展发挥着重要的作用。商业计划书中应该对这些对企业有特殊价值的人员作一个简短的描述，重点介绍他们对企业的作用。企业可以设立顾问委员会利用这些人的知识和技能，顾问委员会可以起到相当于董事会的作用。

2.说明企业的管理结构和管理风格

企业的组织结构和管理风格决定企业的每日工作环境和企业的未来。需要从风险投资公司寻找资金的企业有必要对自己的组织结构和管理结构，如机构设置、人员设置、员工职责等方面进行重新审查，检查企业是否达到最佳运转状态。

在讨论管理结构和管理风格时，撰写者应该侧重于如何管理企业，如何做决定，权力如何使用等。同时还要介绍如何创造良好的企业文化，想让员工对企业有什么样的感觉，当企业制定目标或政策时员工有什么反应等。

（1）管理结构：在商业计划书中需要用一定的笔墨介绍企业如何发挥人力资源的优势。在检查组织机构时，企业的领导人通常按照正式的组织结构关系决定如何管理员工，如何确定每个人的工作职能。在检查机构时需要考虑以下一些问题：责任应该如何划分？经理有哪些职责和权限，哪些经理应该负责哪些员工？产品或服务是通过生产线还是团队作业完成，每个员工是负责一部分工作，还是一组员工负责许多工作等。

（2）管理风格：企业的管理风格应该加强企业文化。在评价企业的管理风格时，创业者应该考虑以下几个方面：管理风格是否适应本企业的文化？主要员工的个人特点如何补充管理风格或与管理风格形成反差？在员工中间如何建立团队精神等。在评价企业的管理风格时，应该反映出企业的员工和顾客对企业的看法。

当然，企业的管理人员应该是互补型的，而且必须具有团队精神，这是投资者非常看重的。因此，一个企业必须要具备负责产品设计与开发、市场营销、生产作业管理、企业理财等方面的专门人才，也需要拥有统筹管理、综合协调、战略规划的管理人才。

生产运营管理

良好的企业经营是企业取得成功的关键，良好的企业经营使企业可以在激烈的市场竞争中常胜不败，可以克服企业发展中经常遇到的问题。商业计划书的这部分，重点是描述企业的日常经营情况。突出描写企业如何用理论与实践相结合的原则经营。这部分内容在商业计划书中要非常具体而实际。包括如何进行设备管理、库存管理，如何进行设备更新等内容。

企业经营部分的描述应该有以下内容：

1. 设备本身的情况

从组建公司开始,购买或租赁办公室、厂房、仓库,招聘员工,购买设备、采购原材料到生产产品,这些生产相关的决策都要在总资本相同情况下以生产利润最大化为目标;技术投入和研发投入,基于生产产品档次的整体决策,和市场销售策略息息相关。在商业计划书里,只需要检查那些企业生产最重要的设备,给予描述即可,重点放在那些对你的企业最有利的方面。

(1)地点:关于企业的地点,要介绍与生产和销售有关的任何地点,包括企业的总部所在地、零售店的地点、分支机构所在地、销售中心等,还需要介绍任何可移动的设施。同时还要介绍相关地点面积的大小,包括各种场地的面积。在选择地点之前应该先进行一番市场调查,选定一个最适合于你的目标市场的地点。

(2)设施改造和维护:在商业计划书中还要描述有关设施改造的情况,现有设施在将来是否需要改造或更新。如需要改造或更新,还要写明由谁来支付这些费用、支付的方式等。费用方面要包括气、水、电等的价格,以及是否随季节或生产量的高低而变化等情况。对那些采用节能设备的企业要特别突出自己企业使用节能设备的情况,强调自己企业的优越性。

(3)租赁:介绍租赁时要描述租期的时间和方式,以及付款方式。

2. 生产部分

无论是什么行业，每个企业都有生产过程。在介绍有关生产这部分内容时，重点介绍企业如何组织和开发生产力。生产管理包括购买设备、原材料采购、购买技术、研发技术、产品包装、产品生产各个方面。生产设备是经营的重要环节，设备属性包括价格、面积、产能、人员、生产产品等。生产设备决定每个季度最大生产能力，经营者可以根据自己的经营计划购买多条设备，购买什么样的生产设备与厂房、仓库、员工等信息相关。在购买技术和研发技术方面投入多少，以及选择什么样的产品包装决定产品品质，产品品质在与渠道合作以及招投标时作为一个影响参数。

生产部分主要应该包括以下一些内容：

（1）设备和办公用品。在商业计划书中还要列出企业的主要设备和设施，包括生产设备、交通工具、厂房设施、商店设施、办公用品等，还要写明是否租赁，是否分期付款等。描述设备和设施的状况，是否可以继续使用，或需要技术改造，或需要维修，如果需要更新，需要写上预定时间。

（2）劳动力。如企业需要什么样的员工？需要多少？企业如何使用这些员工？上级主管的命令如何传达到员工？命令转达途径如何？是否雇用临时劳动力？

（3）生产率。生产率是衡量企业为了生产某一产品或服

创办你的企业

务需要的时间和人数的指标。税率与企业的利润直接相关。如果你可以在短时间生产多的产品或服务，则你花在工资、机器设备和厂房设施上的每一元钱可以创造出更多的利润。在商业计划书中要介绍你们采用什么办法增加效率而又不降低产品和服务的质量。

（4）质量控制。企业采用质量控制就是要确保每一项产品或服务都保持在相同的标准。包括定期常规检查整个生产过程，对产品随机取样进行抽查，对员工进行质量管理方面的培训和奖励项目，进行顾客意见调查等。

（5）生产能力。生产能力反映的是就企业目前设施、设备和员工的情况而言可以生产多少产品或服务的能力。如果你有多余的生产能力，说明利用现在的设施、设备和员工，你有能力生产出多于现在销售量的产品或服务。多余的生产能力表示对现在的设施、设备和员工的一种浪费，说明你花了多余的钱购置设备和雇佣员工，但是这部分多余的能力并不生产任何产品或服务。

在商业计划书中需要提到企业能不能找到什么办法利用或减少这些多余的生产能力。如果接近或达到最大生产能力，则需要阐述你们准备如何扩大生产能力，保证企业的持续发展。

3. 库存控制

建立一套库存控制系统，增加从销售到生产，再到采购等环节之间的信息流动。这种信息流动可以减少主观猜测成分，可以知道每日的销售情况，通过信息流动使库存保持在合理的水平。由于计算机技术的广泛应用，许多企业已经或正在实施零库存计划。

4.供应和销售

几乎每个企业都存在供销情况。企业依靠的供应商和企业自身的销售方法是决定企业是否可以健康发展的基本条件。企业应该尽量与他们搞好关系，建立一种战略伙伴的关系，让他们觉得你们是在商场中可以双赢的伙伴关系，而不仅仅是单纯的买卖关系。几方之间应该共同研究解决付款方式，改进交流，减轻彼此的压力。

5.研究和开发

一个企业必须不断创新才能发展。企业要持续树立站在创新顶峰的经营思想，无论以什么样的形式，企业应该永远把研究和开发放在企业经营的重要位置上。企业应该不断检查计划，了解市场变化，特别应该注意那些可以影响你的产品、服务和价格的各种因素的变化。企业的主要领导人一定要重视研究和开发，并且要有主要领导人亲自负责新产品的研究和开发。

商业计划书中的生产运营中还要回答以下问题：

（1）生产制造水平是如何决定和调整的？

（2）生产制造安排是否最有效地使用了产能？

（3）库存水平是如何控制的？

（4）库存运输的总成本是多少？

（5）任何预期的供应有问题吗？

（6）什么是安全的库存政策？

（7）什么时候扩大生产制造计划？

（8）为了增加有效性和产品质量，应该采取什么行动？

企业运营过程很复杂，经营的过程就是决策的过程，也是资本分配和调度的过程。资本的分配以市场为目标，以最大资本回报率为原则，技术、产品、信用、人力是运营的必备要素。企业管理人员不仅具有执行能力，更重要的是做出决策的能力。各个细小的决策影响大决策的成功与失败。

第三节

做一份引人注目的商业计划

重视计划书的包装

投资人对企业和其领导者的第一印象就是商业计划书的包装了。由于风险投资家一年差不多要看超过 1000 份的商业计划书，所以创业者可能花了很长时间完成的商业计划书，投资人和借款人可能只会花不到 5 分钟，就决定是否批准你的申请。如果你不能在这关键的 5 分钟之内给他们留下积极的印象，你的申请就会被驳回。只有通过了最初的粗略审查，你的商业计划书才可能入围，被仔细研究。

投资者在看商业计划书时，往往在寻找公司的领导人对自己的财产能够认真对待的迹象，同样也在找寻他们重视这次投资活动的征兆。也就是说，形式与内容同等重要。投资者懂得完美的形式将反映优质的内容，反之亦然。

商业计划书一般都有相对固定的格式，它几乎包括反映投资者所有感兴趣的内容，从企业成长经历、管理团队、产品服务、市场、营销、股权结构、组织人事、财务、运营到融资方案，等等。但是国内一些企业只是写 2 ～ 3 页简短的可行性报告，或集中在技术工艺可行性而忽视市场与商业操作，这样是不能吸引外国投资者"眼球"的。只有内容翔实、数据丰富、体系完整、装订精致的商业计划书才能吸引国外的投资者，让他们看懂你的项目商业运作计划。

史密斯商学院丁曼创业中心主任埃皮森提醒创业者，从整体而言，做商业计划书时要注意以下几个方面：

（1）商业计划书一定要撰写得简明扼要，创业者最好在 10 分钟内向风险投资家完整地表达与企业相关的内容。

（2）商业计划书不要过于强调技术。风险投资家不是技术专家，技术只是创业的一方面，风险投资家更关心的是你怎样将你的技术卖出去，也就是企业的商业模式。

（3）商业计划书要体现团队和人的价值。团队的素质高低往往是影响创业行为能否成功的关键，因而也成为风险投资家最重视的要素之一，计划书仅仅意味着开始。

（4）创业行为是一个磨砺心智的过程。创业者一定不要过于急切，在被风险投资家挑选的同时，创业者也要慎重选择风险投资人，做一个有耐心的创业者。

（5）在风险投资家中，已经建立的企业优于只有计划书的企业，已经成长的企业又优于非常小的企业，太小的企业风险投资家一般不感兴趣，除非你的计划特别诱人，有巨大的市场潜力。

成千上万的商业计划书也在风险投资家手中竞争，而具体到商业计划书的包装而言，包装恰恰是将风险投资家引向计划书的第一步。如果你撰写了一份完美的计划书，但由于质量不好，外观欠佳，就会给投资者留下不愉快的印象，甚至会被置之一旁。商业计划书要注意包装，包装有两个层次。第一，从章节、段落的区分上要层次清晰，主次分明，让读者能一下子抓住文章的重点，并且有一个清楚的头绪；第二，从外表上要装订整齐，制作精美，让人赏心悦目，爱不释手。具体表现为：

1. 封面和扉页

一个好的封面会使阅读者产生最初的好感，形成良好的第一印象，因此封面的设计要有审美观和艺术性，具有与众不同的独特性。如果可能，计划书封面的色彩应醒目，封面纸应坚挺，这样必然会引人注意。

在封面上，应该印有公司的名称、地址、电话和计划书发行的年、月、日等。对公司有兴趣的投资者非常希望能够方便地与公司联系，以索取更多的信息，或表达自己对公司本身或计划书某些方面的兴趣，有联系方式的话，方便风险投资家的回访。

在书前的封面部分，应该有一页精心设计的扉页。在这一页里，封面上的信息会重复出现，"印数"印在页上角或页下角，用来记录复印在外的副本的数量（通常不超过 20 本）。

它不仅能帮助创业者了解计划书的发行量，而且还可以造成一种心理上的优势。毕竟没有一个投资者愿意这么想：未来的投资活动实际上早已过时。

在扉页之后，紧接着的两页应用于简明扼要地介绍下列内容：公司的现状；所提供的产品或服务；对消费者的福利；财务预测；3～7年之后的投资目标；所需融资的数量；如何使投资者受益。

2. 打印稿

商业计划书必须打印成正规的计划书文本，创业者不要把计划书的手稿直接送交风险投资者。打印稿要文本工整、字迹清楚、漂亮，每页预留边缘，以便读者批注，纸张质量要好，不可有油污和破损，且每页要有清楚的标记。

有时，为了醒目也可选用彩色纸张，但不宜给对方留下刺激性的视觉印象，因此，选择色彩要慎重，最好在页头、页尾或背面采用，不宜整页均为彩色。

3. 文字风格

通常风险投资者会快速处理你的商业计划书，因此易读简洁是对文字的基本要求，以便投资者在最短的时间内获得最大的信息量。

计划书原件和复制品的文字均应采用深色且醒目的颜色，除非必要，否则不宜采用手写体等不常用的文字风格。

4. 图表和图形

在计划书中，如果必要的话，可增加一些图表或图形来直接说明。一般来说，应该采用高品质的图表和图形。但是需要注意，条形图不及表格的效率高，此外，也可采用部分产品图片和说明书，但只能作为计划书的附件，且必须保证附件的质量。

5. 剪报

剪报不是计划书必不可少的内容。如果有高水准的关于公司的报纸文章，可能会引起风险投资者的兴趣。但是必须保证剪报的质量，剪报要少而精。

6. 装订

目前，有多种装订计划书的方式。如果计划书不是很长，则可将全部计划书装订成一册，否则，应分册装订。从技术上说，分册装订有 3 种形式，一是环式装订，二是专业性装订，三是文件夹装订。在风险投资者看来，首先喜欢专业性装订，其次是文件夹装订，不喜欢环式装订，主要是因为其不便存档。事实上，只要装订效果理想，采用何种装订形式是无关紧要的。

专业性装订指采用专用装备进行的装订，主要包括用机械手把纸推齐、压牢、切纸、装订、封装等若干环节。如果手头没有这种专用工具，也可购买某些简易工具，只要利用恰到好处，也可收到理想效果。

潜在投资者还希望计划书达到以下要求：看上去精致，但不要过于奢华；厚度适中，既清晰又简洁地提前介绍公司业务的各个方面；不会出现拙劣的语法、打印和拼写错误。因此商业计划书制定出来，一定要请专业人士审阅，确认无误后，再交给风险投资家。

商业计划书的最佳篇幅

写作商业计划书的目的是获取风险投资者的投资，因此，在开始写作商业计划书时，应该避免一些与主题无关的内容，要开门见山地直接切入主题。

要知道，风险投资者没有很多时间阅读一些对他来说是没有意义的东西，这一点对于很多初步创业的人来说是应当格外注意的。同时为了保证风险投资者能尽快阅读完你的商业计划书，商业计划书也有篇幅上的考量。

商业计划书的最佳篇幅是多少？这里并没有一个明确的页数，但是有一些可以遵循的规则：

（1）将计划书的篇幅（不包括附录）控制在 15 ~ 30 页之内，对于大部分企业来说，20 页左右就已经足够长了。如果你所描述的企业和产品非常复杂，计划书也不要超过 30 页（不包括附录）。英文的商业计划书一般以 30 ~ 50 页为宜，写得太短，难以把内容说清楚；写得太长，投资者会失去耐心。

但是特殊情况可以例外，如果这份计划书是为某个非常热衷于阅读计划书并且经验丰富的读者准备的，或者仅为公司内部使用，你可以把计划书写到 40 页或者更长。

（2）如果你打算开设一家小型、简单的企业，计划书最好不要超过 15 页，但是不到 10 页的计划书会显得有些单薄。

（3）整篇计划书要长度适宜，一定要做到长短适中。附录的长度不要超过计划书的篇幅。尽管附录是用来展示相关信息的好方法，但是篇幅太长会显得很累赘。

很多风险投资者建议，商业计划书中需要确定战略，列出团队、核心优势、具体指标，列出具体步骤，包括日期、任务及责任，项目的基本数据（如销售和销售成本、费用、资金和现金流量），等等。在能涵盖所有重要的信息的同时，商业计划书越短越好。形式上也要高度注意，它是一份商业计划，并不是随笔或者散文，必须保证计划书拥有绝对的实际用途。

另外，在保证最佳篇幅的情况下，商业计划书所使用的信息务必要准备。信息的准确性，是收集信息材料的基础。在搜集过程中要注意材料中的时间、地点、人名、数字和引文等特别容易出现问题的"关键点"，对这些地方要认真加以核实，以免出错，干扰公司的正常信息评估分析。

在信息的收集中，最容易出现问题的是数字，因为将数字从最初的信息源收集起来，为了使其具有最大的可用性，中间

创办你的企业

要经过一系列分类、汇总，这个过程中常常会出现这样或那样的问题，以至于最后得到的是不准确的数字信息，这也是一种很常见的情形。所以对数字信息一定特别注意要交叉检验。如果你在商业计划书中信息出现错误，哪怕是一个小小的错误，只要让计划书的读者发现，即使这只是个失误而非故意误导，都会导致你的信誉降低。因此，必须确保你提供的所有信息都是正确的。

一份优秀的商业计划书需要许多专业的知识和大量数据的收集和分析。目前，由于统计数据方法、技术的不完善，而要在短期内迅速收集适用的信息也需要大量的投资，故创业者靠自身的力量去完成这一项工作并不是一件轻松的事。

目前，一些专业的市场研究机构出售的数据成本很高，而且这些数据基本上只为市场服务，对大量的与投资评估有关的资料如原料供应商、分销商资料都非常缺乏。即使有能力将信息收集完整，要对大量的信息进行有效的评估分析，也需要许多专业人员一起工作。所以，很多具有一定经济实力的企业都很难做得好，更别说是初创企业。所以说撰写商业计划书的过程，其实是一个艰苦的过程，但这同时也是一个以冷静的方式审视项目和企业的机会。如果创业者获得的信息不准确或不够准确的，进一步将这些市场信息进行分析的时候，都很难得到准确的结果，也很难发挥有效的作用。为了获得准确的信息，关键的步骤是进行准确的市场调研。

不仅你所采用的信息必须是正确的，而且这些信息的来源也应该是可靠的、有依据的。准备计划书的同时，应将信息的来源记录下来。你可以在计划书中注明数据的来源，即使不在文中列出数据的详细来源，你仍需要在读者或潜在投资者问及时，能够迅速告诉他们信息的出处。因此，创业者在制作或审阅商业计划书时，请多加注意其中的数据来源和可靠性，必要时可请专业机构进行第三方评估。

充分的市场调研是做好计划书的前提

一份高含金量的商业计划书，是敲开投资者大门非常关键的一步，而充分的市场调研是含金量高的商业计划书的基础，商业计划书的其他分析基本都是以市场调研为依据的。

创业者在对市场数据信息进行确凿的分析后，得出正确、有效、详细的资料，并对一线资料进行深层次的加工、撰写、策划，去伪存真，去粗取精，才基本称得上是一份切合实际的商业计划书，这样的东西才能经得起内行、精明、老练的投资或融资方推敲和咀嚼，迎合他们的"口味"。在编制商业计划时，如果不做市场调研，市场分析不实际或不够深入，那么整个商业计划都是缺乏说服力的，整本商业计划书就好像是一个空中楼阁，不可靠、不可信。

创办你的企业

要知道，当一个创意或者新的投资项目从你的大脑中萌发时，它并不是存在于真空中的。要把你的创意或者投资项目付诸实施，并不是说干就干的想当然的事情。所以为了确保你的商业计划书能够引起风险投资者足够的注意力，你在写作商业计划书以前，应该进行充分有效的市场调研，确保后期撰写的计划书高屋建瓴，有理有据、切实可靠。

市场调研需要符合以下几方面的要求：

1.越充分越真实的市场调研，效果越好

想法变成现实，需要建立在市场调研的基础之上。在写作商业计划书以前，创业者必须事先进行充分周密的准备工作，进行大量有效的市场调研，做到有备而作。越充分的市场调研，越能够经得起精明融资者的推敲，最终也才有可能博得他们的青睐。

在确保获取充分的市场调研一手数据后，创业者就可以进行下一轮的操作程序。市场调研主要围绕以下内容进行：

（1）投资项目中的产品或服务处于什么样的生意范畴？是研发性质、生产性质、分销性质还是服务性质？该领域目前的情况如何？

（2）产品或服务的市场前景如何？目标客户群在哪里？这些目标群体为什么购买该产品？

（3）你的竞争对手的情况如何？与竞争对手相比，自己有什么样的优势？

2. 选用真实有效的市场调研数据

撰写商业计划书，目的就是为了获得风险投资家的投资。真实有效的调研数据便于投资者分析数据背后的本质结论。因为投资者每天都要接收数量可观的商业计划书，其中只有约1/10 会令他们略感兴趣，感兴趣就意味着你的计划书比较切实，表现有理有据、切合市场，不真切的数据和建构在潦草、浮夸基础上的失实的市场调研数据任何时候都逃避不了他们老练的眼光，一眼就能看穿其中华而不实的信息。

因此，在开始写作商业计划书时，应该避免虚构一些未经市场调研获取的潦草数据。这一点对于很多初次创业的人来说，在写作商业计划书时是应当格外注意的。

3. 基于市场调研，组建创业团队

越来越多的事实表明，在创业的过程中，仅仅依靠创业者的个人之力是很难做到尽善尽美的，创业往往需要一个战斗力很强的智囊团。因此，在写作商业计划书的过程中，创业者还需要组建一个智囊团队，通过市场调研分析，以弥补个人的不足。

4. 根据市场调研状况，检验管理团队的素质与能力

管理团队的情况是风险投资者关注的一个重要方面。通过市场调研，可以充分检验团队成员整体的素质、能力、凝聚力

等。因此，在商业计划中，创业者要向风险投资家翔实地介绍管理团队的风貌。风险投资家主要的关注点有如下几个方面：

（1）创业者是否是一个领袖式的人物？是否具备创业成功者应有的素质？

（2）这个创业团队的信念是否坚定？目标是否一致？是否具有强大的凝聚力？

（3）这个创业团队的市场战斗力如何？是否非常熟悉市场和善于开发潜在市场？

另外，创业团队还可以寻求有丰富经验的律师、会计师、专业咨询家等的帮助，他们的建议有时能让你的商业计划书看上去更加完善。

5.根据市场调研结果，评估商业计划

每个风险投资者都会针对商业计划书提出一些问题，以此作为是否向该企业投资的评判标准。因此，创业者在撰写商业计划书的过程中，应该站在风险投资者的角度对自己的商业计划进行一番评估，按照市场调研的结果，来确定投资者会问到的关键问题是否在自己的商业计划书中有明确的答案，答案是否经过精心的市场调研并得到确凿数据支持。

风险投资家在评估的时候一般都会查看：

（1）产品或服务的市场占有率有多大？

（2）企业如何争取到潜在的客户？对市场的潜在开拓能

力如何？

（3）企业的管理团队和其他投资人士以及他们在各自领域中的角色定位及权力权限？

（4）调研得出的投资风险、贷款担保等分别是什么？

（5）权威人士对这个商业计划持何种意见？

（6）投资该回报率达到何种程度（确切数据支撑）？

（7）项目的安全退出机制如何？承受的失败底数是多少？

充分的市场调研在整个商业计划书的作用是根据战略规划，分析投资项目的外部宏观环境、行业竞争结构、市场结构、竞争态势等，进而做好市场细分和市场定位。真实有效的市场调研，能够增加商业计划书的含金量和可行性、真实性，因为建构在市场调研和分析基础上的东西才是任何人尤其是投资者想要的投资、融资依据，所以它可以很容易引发投资者的投资欲望。

所以说，策划撰写出建构在市场调研基础之上的商业计划书是融资成功的真经！当然，市场处于一个不断变化的、动态的环境，因此在制定商业计划书的时候，也要注意市场环境的变化，对商业计划书进行客观、动态的调整。

认真评估你的商业计划

一份好的商业计划是所有投资人共同追求的目标。潜在投资者在决定对拟建项目进行投资之前，必须对商业计划书

创办你的企业

进行全面、系统、科学、严谨的审查评估。因此，商业计划书的内容与格式是否能够顺利通过评估，是获得投资的关键所在。

商业计划要经得起评估。评估的关键是要判断拟建项目及其依托的企业是否处于适当的发展阶段、是否存在良好的市场机会、是否拥有满意的强大的管理团队以及能否制定和实施一套稳健的商业计划。因此创业者在完成商业计划书的时候，一定要认真评估商业计划的可行性、有效性。

1.评估商业计划书的格式和大体框架

一般要求包括3个方面：

（1）编写格式是否规范，是否包含足够信息。

（2）是否对项目可能面临的各种风险因素及项目的可行性进行全面系统深入的研究。

（3）数据的真实性和分析的逻辑性。要评估商业计划书中采用的数据是否真实可靠，市场分析预测结果是否令人信服，财务分析的方法是否恰当，结论是否可信，各种逻辑推理是否合理。

2.评估项目所属的发展阶段

通过对项目所属阶段的评估，可以判断投资时机是否恰当。对于风险投资而言，种子期（研发阶段）、成长期（中试阶段）为最佳投资期；对于产业投资而言，推广期（小批量生产）、成熟期（进入市场）应为最佳投资期。

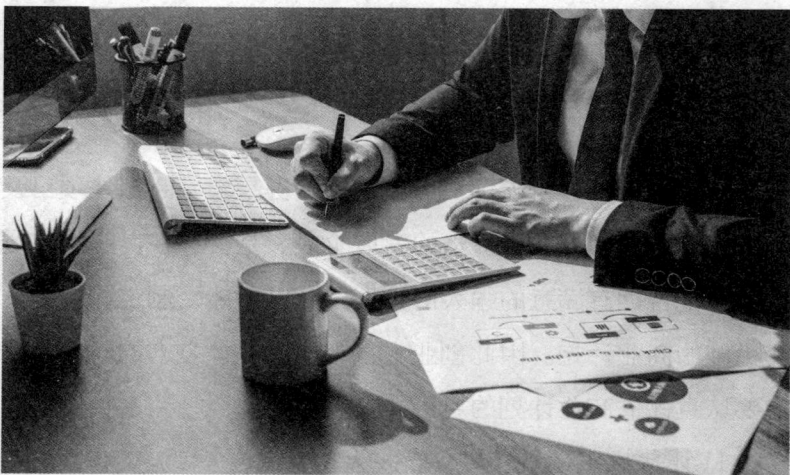

图片来源：摄图网

3.评估产品或服务

评估产品或服务能为客户创造何种服务和市场价值，产品或服务是否有市场吸引力，消费者是否接受，评估客户的需求和产品的定位情况等。

4.评估项目所属行业和市场机会

评估所属行业的产品利润、销售量；评估行业竞争对手情况；评估公司对目标市场的界定；评估市场机会以及与竞争对手的比较情况，占市场份额、竞争优势和竞争劣势等；预测市场规模；确定公司是否清晰界定目标市场和要满足的客户需要？目标客户群有多大？目标市场的增长速度有多快？评估市场销售有无行业管制，进入该行业的技术壁垒、贸易壁垒、政策限制等因素，企业产品进入市场的难度等。

5. 评估管理团队

重点评估董事长、总经理、首席执行官以及技术开发、市场营销、财务管理等关键职位是否已有胜任人选，确定下管理团队的最终组建方案。

评估在关键职位负责人的技能和经验，分析其担任过的高级管理职位或其他成功业绩。如负责运营的副总裁应有在相关领域一流企业的工作经历，具备丰富的经营管理经验，有制订营销计划、设定目标客户及客户关系管理等经验；财务总监应具备银行金融、财务控制等工作经验；负责业务发展的副总裁应有相关领域的重要关系网及业务拓展的成功经验；首席技术官应对项目核心技术有深刻了解，掌握技术诀窍等。评估企业管理团队是否具备营销、金融、技术和战略等方面的管理能力，评估管理团队的凝聚力。一旦有关键人员离职，用何种方式来弥补公司的损失。

6. 评估业务模型

确定企业的经营模式、企业目标，并重点评估业务模型的选择情况、所确定的经营模式及企业赢利目标；分析业务模型的潜在回报是否有吸引力；评估项目的收入来源以及影响成功的关键因素；对拟建项目的财务计划进行详细评估，包括投资总额及其构成、项目建设期及投资进度计划、收入及成本费用预测的依据、盈亏平衡和利润等情况。

7. 评估技术及研发阶段

评估所采用技术的成熟程度，是否经过中试阶段，与同类技术相比较所具有的领先地位，评估拟建项目的主要创新点，分析向消费者提供比市场上现有产品功能更强的产品或服务的途径和方式。评估所需资源的可获得性，能否控制非己所有的资源。

8. 评估财务状况

投资需要创业者提供一个详细的、有效的财务计划，详细列举项目的投资总额和每个单个项目需要投入的费用。因此需要评估该项目的市场投资规模、投资回报率是多少，评估投资人所承担的风险能否与所获得的回报相匹配，股权结构安排是否合理，投资人的退出机制及撤资方式是否可行。

9. 评估商业计划执行的可信度

一个可以执行的计划方案要求商业计划书的相关部分结构清晰、目标明确、计划合理、数据翔实，并能确保该计划书能够作为未来企业推进拟建项目的行动指南，并予以贯彻实施。

经过慎重的商业计划书评估，企业可以发现自己的优势、劣势、面对的机会和威胁，从而不断地完善商业计划，为成功融资打下基础。

创办你的企业

第三章

组建精干互补的创业团队：
找对人才能做成事

第一节

寻找适合的合伙人

合伙经营，找准你的"黄金搭档"

俗话说："一个好汉三个帮"，刘关张拧成一股绳才有了三分天下。创业路上找一些志同道合的人结伴而行，将解决你单打独斗的许多麻烦，尤其是在这个竞争日趋激烈的时代，合伙让你的创业之路从不可能到可能，从小打小闹到大规模作战。

毕业于武汉大学的周汉生、艾路明、张晓东、张小东、潘瑞军、贺锐、陈华是当代集团的创始人。艾路明从武大研究生毕业后，从家里拿出 1000 元，周汉生等人又凑了 1000 元，在洪山区注册成立当代生化技术研究所。"7 个人中有 4 个是学生物的，大家觉得做生化技术比较有把握。"周汉生辞去水生所的工作，与艾路明一起彻底"下海"，其他几个人边教书，边经营这个企业。

在武大留校工作的张晓东到复旦大学做实验时，认识了一位做尿激酶项目的博士。该项目是从男性小便中提取尿激酶，出口日本。他得知这个信息后立即通知艾路明、周汉生等，几个人分头行动准备从武汉各大厕所里掘金。

经过考察，他们选中人口稠密的江汉区，在机场河租下一个废弃停车场作为加工车间。经江汉区环卫局同意，该区的厕所里出现许多白色的塑料大尿桶。尿液在4小时以内没有味道，物质活性也较高，利于加工。白天，周汉生与艾路明蹬着三轮车，到各个厕所将盛满尿液的塑料桶扛到三轮车上。晚上，他们将拖回的尿液倒进大缸里处理，并守在缸边，根据情况随时添加各种化学药品。

随着武汉东湖开发区成立，政府开始扶持高科技企业。当时，葛洲坝集团为了开拓新的产业领域，想利用武大生科院的技术，生产赤霉素（一种植物生长激素）。此时，武大正与国内数家公司合作开发这个项目，无力再派技术人员开发新"摊子"。

周汉生来到武大生科院深入实验室，向专家请教生产赤霉素的关键技术，直到全部掌握。然后以当代生化技术研究所的名义与葛洲坝集团进行技术转让与合作，组织生产。这个项目获得国家"火炬计划"100万元贷款。接着，他们又开发一个"原子灰"项目（生产油漆底层的泥子），再次得到国家"火炬计划"500万元的项目贷款。当代有了三个"摊子"：尿激酶、赤霉素、原子灰，资产已达数百万，开始走上发展的快车道。

眼看公司有了规模，几个创业者都想按自己的想法试一试。一年后，各个公司的经营都开始萎缩，大伙意识到还是合在一起好！

在尿激酶生产中，公司从进口试剂中得到启发。"医院检测科需要一种检测致婴儿残疾的诊断试剂，这个市场很大。"艾路明与国家计生委协商合作，成立了一个公司；又用一年时间兼并了扬子江制药厂，取得了针剂生产的批号，诊断试剂和尿激酶临床针剂投入生产。这就是上市公司人福科技的前身。

当代公司开始参与国有企业的购并和重组，资产迅速扩张。到1996年，资产已达5000万元。同年6月，人福科技上市，成为东湖开发区第一家上市公司，资本扩充至1亿元。购并握有医药生产资源的企业，是快速增长的捷径。2000年，当代集团兼并了宜昌医药集团。如今当代集团所属的人福科技更在全国医药企业中排进了前50名。

当代集团初次创业小有成就后，"七侠"曾分道扬镳，但业务马上下滑，最后不得不强强联手。这说明合伙创业的确可以产生1+1>2的效果，它将合伙人的优势互补，产生强大的能动力，使创业之路左右逢源，一路高歌。

合伙创业让不能干的事成为能干的事，不过合伙人之间若是发生内讧等矛盾，也会使创业之路难以为继或将创下的基业毁于一旦，所以合伙创业要慎重，特别要处理好以下几个问题：

1. 理清选择合作的原因

当单个创业者没有足够的力量撑起创业大旗时，可以找一些人合作。合作可以使项目很好地发展实施，合作可以使合作双方资源共享，合作可以使自己变得更强大。合作方式有：项目与项目的合作；项目与人的合作；项目与技术的合作；项目与资金的合作；项目与社会资源的合作。

2. 合作目的与目标

创业合作要有相同的目的和目标，因为有了共同的创业目标，才能走到一起来，所以目标的正确与合作有很大的内因，也是能否找到合作伙伴的重点。利益的合理分配是合作伙伴选择你的主要原因，其中合作伙伴对你的项目的可操控性人的因素会略有差异。当你有了任何一种资源的时候，在选择合作者，看中的合作伙伴必然有很好的可合作资源，这种资源就是你的合作目的，目标是在行业上的定位，有了清楚的合作目的和目标，合作才会顺利。

3. 合作伙伴的职责

合作初期，创业合作者要明确合作伙伴的各自职责，不能模糊，要能拿出书面的职责分析。因为是长期的合作，明晰责任最重要，这样可以在之后的经营中不至于互相扯皮，推卸责任，好多的创业合作中出现问题，就是因为责任明晰不够。

图片来源：摄图网

4.合伙投入比例利润分配

合作投入比例是合作开始双方根据各自的合作资源作价而产生。投入比例和分配利益成正比的关系，也要书面明细清楚；当然根据经营情况的变化，投入也要变化，在开始的时候，就要分析后期的资金或者资源的再进入情况。如果一方没有融资的实力，那另一方的投入会转换成相应的投资股，分配投入产出的利益。

5.合伙人之间的信任

大多数合伙人初期都是重情意，直接导致一些合作细节模糊不清，这是创业中非常不利的因素。如果有问题出现，没有一个根本的办法解决，互相推诿，留下一堆乱摊子，无人收拾残局。创业中正确的做法是，将朋友和亲人之间的合作建立在商业的基础上，用商业的解决方法去解决合作纠纷，避免纠纷，一切的合作细节都及早预防，提前明晰！一切合同化！创造一个良好的合作平台！

怎样寻找最适合的创业伙伴

创业最宝贵的资源不是金钱，而是人。对内而言是优秀员工的引进，对外就是找到适合的创业伙伴。很多创业者抱怨茫茫人海中没有合适的创业伙伴，其实只是没有找到适合的方法而已。很多时候，适当的人选就在身边，只是创业者没有发现的眼光罢了。

合伙人是以信任为基础的，因此很多人选择从熟人圈子里找合伙人。然而家族式的弊端一直都成为创业者的顾虑，不知道该不该选择亲近的人合作。中国的民营企业为什么做不大，不少人把原因归结为实行家族制，如果把眼界放开，日本的松下集团、美国的杜邦等，都在证明着家族企业的成功。

中国目前尚未形成成熟的职业经理人阶层，法律也尚不健全，所以，大多数成长起来的家族企业不敢去冒险放心地使用职业经理人，这也是事实。让外人掌握企业的技术核心机密，会有一定的危险，如果他缺乏职业道德就会造成企业不稳定，而家族人背叛的可能性相对小很多。也因此，在家族企业中，财务、人事等要职多半仍由家族内部成员担任。

那么，家族企业用人是任人唯亲还是唯贤是举？有人说，任人唯亲，是为了稳定，也有人说，任人唯贤，可以谋求更大的发展。在家族企业中，用人重在如何贤亲并举。用人之道分上中下三策：下策是用人唯亲，因为这样的策略虽然强调了稳定，但发展很困难。中策是用人唯贤，但是贤人们缺少亲和力和凝聚力，要把他们组合成一个高效团队花的时间成本太大。所以用人之道的上策是贤亲并举，世界上所有的大企业无一不是这样。用人唯亲是为稳定，用人唯贤是为发展，而真正的智慧在于，如何将发展和稳定的关系更好地平衡。

好的企业人才结构应该是多样化的，如果能够去掉家族式企业的弊端，发挥家族式企业的精华，从熟人中找合作伙伴是最方便不过的了。但是如果熟人中没有合适的人选，依然有很多的方法寻找合作伙伴。

1. 刊登广告

针对自己需要的合伙人类型，刊登合作广告。这样合作意愿传播的速度快、覆盖面广、重复性好，合作的内容也可以清晰明确的公布出来。

2. 委托猎头

可以请专业的人士通过有偿的方式根据创业者的需求去收集信息。比起自己盲目的寻找，委托猎头更加有针对性。

3. 介绍寻找

就算熟人圈中没有适合的人选，还是可以通过熟人圈，请亲朋好友在自己的圈子内物色适当的人选。

4. 从客户中寻找

以前靠工作关系建立起来的客户,有不少可以作为创业的帮手。因此要跟客户保持良好的关系,留作以后创业的资源。

对一个企业来说,创业者就是一位知根知底的管家,他应该知道自己缺乏什么样的创业伙伴,以及怎样才能找到这类人。因此,选出什么样的合伙人是衡量创业者水平的一个重要标志。"用金银总有尽时,用人才坐拥天下",找准创业伙伴是一门学问,创业者应用心揣摩,做出正确的决策。必须通过科学而严密的步骤,有效地挑选创业伙伴。

1. 确定合伙条件

关于合伙的具体标准,各个国家可能不同,但也有共性。如日本侧重学历、经历、能力、忠诚和健康 5 条。中国强调德、才、资。德,是指品质,即具有高尚的道德情操;才,是指才能,即具备能够胜任工作的能力;资,是指资历,包括学历、经历、经验和工作成绩。总之,要德才兼备。

2. 拟订选择方案

创业者应根据需要,制订选择方案。它包括确定合伙对象,规定合伙内容,采取的具体方式、方法,拟订具体的时间程序。

3. 选定对象

候选人必须有一定的数目,没有一定数目的考虑对象,就不会有充分的选择余地，所选的合伙人也不一定合格，更不用说合适了。

4. 跟踪考察

创业者要组织人员了解每个候选人的情况，并对候选人进行全面考察。通过考察，就可以大体了解候选人的智力、性格、技能、兴趣、动机、愿望等特性了。在此基础上，创业者还要亲自与候选人进行面谈，以便进一步考察验证。

5. 作出结论

创业者必须经过集体讨论，认真地研究这些候选人的优、缺点；同时从几名候选人中，进行反复比较推敲，优中择优，最后做出决策。

对伙伴要求不要太高

金无足赤，人无完人。合作伙伴也不可能是完美无缺的，如果合伙人能够充分发挥长处，就能给企业带来积极正面的影响，至于无伤大雅的缺点，就没有必要过于苛责。这既是一种管理策略，也是一种用人之道。创业者要知人善任、扬长避短、因材授职、使用得当。

创业者应该一分为二地看人，某个人在某方面的才能突出，其必定有一方面不突出。这需要创业者在挑选合作伙伴时，准确把握优势和劣势，发挥其长处，避免其短处。

创办你的企业

美国柯达公司在生产照相感光材料时，工人需要在没有光线的暗室里操作，为此培训一个熟练的工人需要相当长的时间，并且没有几个工人愿意从事这一工种。但柯达公司很快就发现盲人在暗室里能够行动自如，只要稍加培训和引导就可以上岗，而且他们通常要比常人熟练得多。于是，柯达公司大量招聘盲人来从事感光材料的制作工作，把原来的那一部分工人调到其他部门。这样，柯达公司充分利用了盲人的特点，既为他们提供了就业机会，也大大提高了工作效率。

由此可见，创业者只要用人得当，缺点也可以变成优点。事实上，一个人的优点和缺点不是一成不变的，而且长处和短处是相伴相生的，常见到有些长处比较突出，成就比较大的人，缺点也往往比较明显。

至于那些胆大艺高，才华非凡，但由于某种原因受人歧视、打击，而有争议的"怪才"，领导者更要理解他们的苦衷，尊重他们，为他们提供一个发挥才能的空间。如果管理者跳出传统的思维定势，从客观实际出发，有针对性地用人之短，往往能起到意想不到的效果。

一家公司的招聘登记表格中，有这么一栏："你有什么短处？"有一次，一位下岗女工来应聘，在这一栏填上了"工作比较慢，快不起来"。员工一致认为，她是不可能被录用的，谁知，最后老板亲自拍板，录用了这位女工，让她当质量管理员。老板说："慢工出细活，她工作慢，肯定会细心，让她当质量管理员错不了，再说，她到过许多地方应聘，没有被录用，到这里被录用了，肯定会拼命地干，以后，我们公司肯定不会有退货了。"结果，正如老板所预言的那样，她工作成绩显著，公司的确没有退货了。

虽然员工与合伙人不可能完全一样，但是充分发挥了"从短见长"的才智，充分发挥个人的优势，才能取得成功。创业者需要注意的是越是天才越有缺陷。有缺陷的天才就因为他有一方面的欠缺，才有了另一方面的优势。样样精通的人反而可能成不了天才。

需要提醒的是，创业者在用有缺点的合伙人时需要掌握的一个重要原则，就是要做好控制，不然就会纵容合伙人犯错。有家鞋厂的会计，他在管账时经常出错。但他有一个优点：交际能力很强。于是，老总把他调到营销部门，待了一年，业绩斐然。这件事在单位里传为美谈，员工们认为老总慧眼识珠，把一块石头变成了金子。但一次偶然的机会，公司让他负责购进原材料，由于他的粗疏大意，被别人以次充好，公司一下子损失了100多万元。

在很多创业者看来，短就是短，但殊不知，短也是长。即所谓"尺有所短，寸有所长。"清代思想家魏源说："不知人之短，不知人之长，不知人长中之短，不知人短中之长，则不可以用人。"中国智慧充满了辩证法，就看你是否具备这样的眼光。面对有缺陷的人，让其发挥优势是管理者明智的选择，但如果能巧妙地避免其短处，甚至巧妙地使用其短处，使短处产生积极作用，则是创业者的高明之处。

寻找同行合作，优势互补

俗话说"同行如敌国"，同行竞争甚至是恶性竞争的现象比比皆是。其实事实不一定总是如此，合适的同行合作反而能促进整个项目的良好发展，张全国和他的乡亲们就通过共同合作取得了成功。

进入湖北省境内，当离一个小镇还有很远的时候，就能从空气中闻见扑鼻而来的鸡汤香味，鸡汤的香味是从平林镇一家挨一家的鸡汤馆里飘出来的。平林镇位于湖北省广水、安陆、随州三市的交界处，一条公路干线正好从这里穿过。闻到鸡汤味就能叫人想到家，想到普通百姓的生活，想到百姓生活的经济实惠和温馨怡人。所以，来来往往的司机和行人，都忍不住要在这里停下来，喝一碗声名远扬的鸡汤再走。这里有萝卜鸡汤、板栗鸡汤、枸杞鸡汤、人参鸡汤、老母鸡鸡汤、乌鸡鸡汤……总之，你想喝什么鸡汤这里都可以满足你的要求。

但在很早以前，这里的鸡汤并没有什么名气，甚至连一家鸡汤店都没有，不过饭馆酒家却多得是。但饭馆酒家一多生意就很不好，因为公路是穿过各个村落的，结果沿线一家挨一家的都是饭店，想想也知道，路途中的行人为什么偏偏要在你这里停下来呢？

刚开始生意不好大家就怪柜台，于是沿途一家又一家的饭店就都开始比装潢门面。然而一个叫张全国的饭店老板，却把心思动的更深。他一直是个喜欢动脑子的人，从穷得两手空空到拥有第一家饭馆、第一笔存款，这都是他善于动脑子的结果。因为他知道，动脑子比动手更重要，卖的东西能打动人的心思，比门面能够抓住人的眼睛更能让生意兴旺，这些都是他第一个琢磨出来的。

困惑了很久，终于有一天，他从"孔府家酒让人想家"的广告中得到灵感，因为出门在外的人都会想家，如果炖一锅在老远都能闻见香味的鸡汤，不是比酒更能让人想家、比酒更能养人么？于是很快，他就打出了"张记鸡汤馆"的招牌，那炖得香的馋人的鸡汤，也从"张记鸡汤馆"中飘出，飘得很远。

生意于是日益兴隆，生意一显起色，整个镇子的其他酒家饭馆也纷纷挂出了鸡汤馆的牌子，不到一年，整个镇子就形成了鸡汤馆林立的场面了，并且整个镇子的鸡汤味浸入了整个水乡。虽然竞争确实加剧了，但张老板反而笑了，因为这样一来，不仅鸡汤的香味会飘得更远，使鸡汤小镇产生更大的诱惑力和品牌力，形成了一个鸡汤商圈，而且更会带动整个小镇的乡亲们一起致富。

众所周知，创业之初，资金少，难题多，稍有不慎，便会亏本倒闭。因此，对于还未站稳脚跟的创业者来说，一味地和竞争对手搏杀显然不是明智之举，只有联合在一起，才能共享其利，共存共荣，皆大欢喜。

既然你是生意人，那么你就应该以和气生财、长远生财为主要目标，就应当遵循这样的原则：只要是有利可图的生意，即使你挣了100元，而别人挣了2000元，对于你来讲也是成功的。这个道理其实很简单，因为如果你不想让人家赚2000元，估计你的100元也挣不到。

但现实社会中绞尽脑汁相互拼杀，最后往往两败俱伤的例子屡见不鲜。曾经有两家对门的店铺，店主为了招揽顾客，相互展开一场低价大战，把自家商店的商品价格一降再降，斗到最后，竟然降低到低于进货价，结果自然是两败俱伤。而顾客呢，刚开始还挺踊跃的，而经过再三降价后，反而驻足不前开始观望，后来渐渐少了起来，原来因为价格太低，顾客反而觉得是假冒伪劣产品。

第二节

聚集有价值的人才

清楚地知道自己所需要的人才

国外一家公司的主管在介绍该公司挑选人才的经验时说："在聘用员工方面需要记住的教训是'要当心熟面孔'。"这里的熟面孔指的是那些在一个行业里拥有一定声誉的人，千万不要因为某人在你们的行业里拥有较高的知名度就去聘用他，这么做的结果只会适得其反。例如你公司要推销某种新发明的肥皂，最明智的做法是聘请一个神通广大的推销专家来替你做销售，而不是聘请发明肥皂的化学家来为你做推销。

此外，公司在聘用员工时还要考虑客户的想法。我们以一个高尔夫球俱乐部为例，如果该公司聘请了一个拥有较高知名度的高尔夫球手，其最初目的是想迎合大众的喜好，营造名人效应。但现实是你很难将比赛日程繁忙的高尔夫球星从巡回比赛的旅途中拉回来，让他在办公桌前兢兢业业地为你工作。更糟糕的是其他的高尔夫球员们可能会对他产生排斥感，因为他们觉得："他也不过是一个高尔夫球员，能懂

创办你的企业

什么呢？"

总而言之，我们在选择雇员的时候，一定要选择那些适合于公司的人，而不是那些拥有众多声誉和头衔的人。

众所周知，一个企业的发展离不开高素质的专业才人，特别是在科学技术迅速发展的今天，企业面临的专业技术人才短缺和技能短缺问题愈显突出，这种人才短缺的情况严重阻碍了企业的高速发展，使之在今天的市场竞争中处于不利地位。

许多创业者都在困扰，参加了多次人才招聘会，也在报纸和一些网站上刊登了招聘广告，但效果一直不佳，投递资料的应届毕业生很多，但真正有工作经验、专业水平较高的技术人才没有招到。面对企业对招聘专业技术人才的困扰，人力资源专家提出了以下建：

1.分析需求，精准确定选人方向

在用人部门提出用人需求之后，人事部门需要根据用人部门的要求确定出选人方向，也就是确定出选择什么样的人。越早确定出选人方向，越能提高招聘效率，越能避免约来面试的人员与实际需要差之千里。

确定选人方向，首先要分析用人部门的需求原因。用人部门提出补员需求，无非是以下几种：工作量的增加、工作难度和专业化程度增加、工作内容的增加、员工离职。然后，与用人部门充分沟通招聘要求和岗位胜任条件，精准把握用人部门的核心要求和真正需求。最后，根据需求原因和需求要求，勾勒出人员招聘模型，并确立出招聘参照人员。

由于工作量的增加和员工离职而产生的人员需求，以公司现有的员工中业绩较好的人员为参照进行招聘，即可满足；由于工作内容的增加而产生的需求，应了解同行业该类职位的岗位胜任素质模型，参照进行招聘；由于工作难度和专业程度增加而产生的需求，需要招聘主管对工作难度和专业程度进行充分了解，可通过竞争对手的优秀人员或其他机构此类职位的优秀人员作为参照，并根据本公司的实际情况进行招聘。

2. 效率至上，合理选择招聘渠道

招聘专业技术人才，与招聘一般人才相比，需要更专业的招聘渠道。招聘渠道主要有现场招聘会、猎头、网站招聘、内部招聘和员工推荐等。就招聘专业技术人才而言，猎头和行业专场招聘会是需要重点考虑和主要使用的招聘渠道。

由于是处于同一个行业，并且处于同一竞争层次上，竞争对手的人员一般来说是比较适合公司需求的人选，所以，从竞争对手那里挖人是最便捷的招聘途径。如何去挖？这需要借助专业的"挖人"机构——猎头公司的力量。猎头公司能够"静悄悄"地将竞争对手的优秀人员请到自己公司来。即使不去竞争对手处挖人，使用猎头公司也有诸多好处——它能够在最短的时间内在尽可能大的范围内找到最合适的人选。如果以效率来评价的话，猎头渠道是首选。

行业专场招聘会是现场招聘会的一种，相对于综合性的招聘会，行业专场招聘会吸引的都是具有相关行业背景的企业和人才，针对性较强，招聘企业不必再从海量的简历中"海底捞针"，求职者也获得了尽可能多的就业机会，大大节省了招聘企业和求职者双方的时间和成本，能够达到事半功倍的效果。

3.各司其职，分别把握品性、专业能力

在整个招聘过程中，人事部门和用人部门需要分工明确，各司其职。人事部门把握候选人的职业习惯、性格、品性、发展潜力，以及对公司企业文化的适应性。用人部门需要对候选人的专业能力把关。需要候选人具备什么样的专业背景、专业经验、专业深度，以及胜任岗位的其他相关知识，用人部门最清楚。让用人部门把握专业能力，既是发挥其所长，也是理性的必然要求。人事部门需要从"软"的方面对候选人进行把握，也是人事部门的职责所在。

在招聘流程安排上，即可先由用人部门进行专业能力测试，后由人事部门进行品格测评；也可先由人事部门进行"软"条件把关，后由用人部门进行"硬"条件筛选。人力资源认为，对于急于招聘的岗位，可采用前一种；对于可以放缓招聘的岗位，可采用后一种。

总之，只有清楚地知道自己需要什么样的人才，才能够对症下药找到合适的人才，没有定位选人方向的创业者是无法凝聚起人才力量的。

创业期招聘需要大智慧

美国著名的西华公司（原名萨耶·卢贝克公司）的创始人理查德·萨耶是做小本生意起家的，他的事业发展到后来那么兴旺，连他自己都感到吃惊。他的成功之处在于他善于发现人才和使用人才。

萨耶最初在明尼苏达州一条铁路做货物运输代理业务。做这种业务，有一件令人头痛的事情，那就是有时收货人嫌货物不好而拒收，收不到货款不说，还倒赔运费。萨耶是一个善于动脑筋的人，不多久，他就想到了邮寄这种方式。出乎意料的是，这一方式竟然非常成功，于是同行都纷纷仿效，大有超越他这个创始人的势头。萨耶意识到必须扩大规模。可扩大规模就得有人手，去哪里找这样的人呢？

在一个月光皎洁的夜晚，他碰到了迷路的卢贝克。两人一见如故，一席话竟然谈了个通宵。卢贝克非常欣赏萨耶的经营思路，萨耶万分激动，盛情邀请卢贝克加盟，两人一拍即合，"萨耶·卢贝克公司"就在那个夜晚诞生了。

两个人搭档使生意突飞猛进，他们开辟了多种经营，突破了运输代理范围。他们的生意越做越大，却发现自己已无力管理好公司，因此就想找个人帮他们管理，但是过了好长一段时间他们都没找到合适的人。

突然有一天，萨耶下班回到家时，看到桌子上放着一块妻子新买的布料。"你要的布料，我们店里多得很，你干吗还花钱去买别人的呢？"他有点不高兴，因为他经营的小店确实有很多同样的布料。

"这种布料的花式很特别，流行！"妻子说。

"就这种布料，也能流行起来？它不是去年上市的吗？一直都不好卖，我们店里还压着很多哩。"

"卖布的这么说的，"妻子说，"今年的游园会上，这种花式将会流行。瑞尔夫人和泰姬夫人到时将会穿这种花式的衣服出场。这可是秘密哦，你不要告诉其他人。"

萨耶感到有些好笑，所谓的流行，不过是卖布的骗人谎言罢了，抬出当地的两位贵妇人，也不过是促销罢了，想不到他这样精明的商人，竟有这么一个轻易上当的妻子。

到了游园会开幕那一天，果然如妻子所言，当地最有名望的两位贵妇瑞尔夫人和泰姬夫人都穿上了那种花式的衣服，其次是他妻子和其他极少的几个女人穿了，那天，他的妻子出尽了风头。更奇特的是，在游园会上，每一个女人都收到一张宣传单：瑞尔夫人和泰姬夫人所穿的新衣料，本店有售。这哪是什么新衣料啊？但萨耶突然开窍了：这一切，都是那个卖布的商人安排的！手段可不同凡响啊！

第二天，萨耶和卢贝克带着妻子的宣传单，到那家店去，想看一下那个商人到底是谁。在看到该店挤得水泄不通的人群之后，萨耶和卢贝克一下子对那个商人佩服得五体投地。但当他们见到那个商人时，却不禁哑然失笑：那个商人竟然是他们的老熟人路华德——经常和他们做生意的人。

寒暄之后，萨耶和卢贝克开门见山："我们想请你去做我们公司的创业者。""请我？做创业者？"路华德简直不敢相信这个事实，因为萨耶和卢贝克的生意在当地做得太好了。路华德要求给他3天时间考虑，因为他自己正做着生意，面临着选择。

"当然可以，"萨耶说，"不过，这3天内，你得保证不能到其他公司工作啊。"

"那是肯定的，"路华德笑了，"我还没有那么俏，不会有人找我的。"

事实上，萨耶的担心一点也不多余，因为他们刚刚离开，就有两家化妆品公司登门邀请路华德加盟了。路华德也是一个守信之人，因为萨耶有言在先，他拒绝了那两家化妆品公司。出身于市井小店的路华德对萨耶和卢贝克深怀感恩之情，工作十分投入，很快做出了卓越的成绩。他和萨耶、卢贝克一起奋力拼搏，公司业务蒸蒸日上，10年时间，公司营业额增长600

多倍。后来，公司更名为西华公司。如今的西华公司有 30 多万员工，主营零售业，每年营业额高达 70 亿美元。这个营业额，在美国零售业中属于一流成绩。

创业期企业是社会的新生儿，规模小，实力较弱，还未得到社会的广泛认可。这类企业引进新生人力资源，往往会遇到比成熟企业更多的困难，同时也需要招聘企业考虑得更加周全。人力资源专家认为，创业期企业招龙引凤，更需发挥比成熟企业招聘更多的智慧。

1. 注重人才与老板的匹配度

创业期企业各方面均不成熟，管理制度很不健全，甚至是基本没有，企业文化也未形成，公司的日程管理都是有老板亲力而为，企业发展战略的目标是求得生存和发展。企业的发展和业务的开拓主要靠老板的能力。总体而言，老板的个人风格决定着公司的命运。

多年工作的磨炼，企业老板基本上都已经形成了相对稳定的工作方式和做事风格，调整的空间和可能性有限。所以，这就要求引进的员工要与老板有较高的匹配度。只有匹配度高，大家才能高度团结，才能产生出较高的工作效率，才能克服企业在起步阶段的种种困难。反之，容易造成工作中的摩擦、误会，积累到一定程度就会爆发矛盾，从而导致合作失败。而这种团队建设上的失败，对创业期企业往往是致命的。

图片来源：摄图网

测试人才与老板的匹配程度，首先需要测试老板是一个有什么样工作行为的人。测试工作行为主要从 3 个角度入手：和人打交道的风格，办事的风格以及接受信息、处理信息、反馈信息的能力和风格。

2.看重人才的职业素养和核心竞争力

创业期企业对外部人才的需求并不突出，数量少，以一般员工尤其是业务开拓人员的招聘为主，招聘极少的中层，基本没有高层招聘。业务开拓人员是创业期企业的核心人员，其职业素养的成熟与否和核心竞争力的强弱直接决定着企业能否在激烈的业务竞争中破局成功。

评判一个人的职业素养可以从以下几个方面测评：职业习惯、职业成熟度、工作主动性、工作压力承受、学习素养。对于创业期企业而言，更为重要的是工作主动性和工作压力承受。

创办你的企业

创业期企业不可能获得足够多的业务资源和社会关系资源，这就需要企业人员具有较高的工作主动性。同样，企业人员面对的是新市场、新资源，业务开拓进程中有着更多的不确定性，这就需要企业人员要有较强的压力承受能力。

相对职业素养，人才的核心竞争力是企业最为看重的。人才的核心竞争力主要由以下几项内容组成：知识、技能和经验。知识是指以专业知识为核心的全方位认知水平；技能主要体现在专业能力上；经验和工作经历有密切关系，有经验的人才能够帮助企业规避风险。对于创业期企业，技能为首选，经验为次，知识居末。

3.兼顾人才与组织、组织发展的协调性

如今激烈的竞争环境要求并决定了创业期企业发展速度一定要快。市场可以不断拓新，产品可以不断创新，而企业内部人力资源则不能日日更迭。团队的稳定是企业高速发展的基础。这就需要企业在招聘人才时要考虑人才与企业组织、企业发展的协调性。

人才与组织的协调性主要体现在人才与组织的相互适应程度、人才成长与企业成长的一致性；而人才与组织发展的协调性主要体现在人才对企业价值观的认同感、人才对企业愿景的信任感。因为创业型企业不具备成系统的企业文化，未凸现出明显的企业风格，所以，人才与组织发展的协调性对创业期企业而言不如人才与组织的协调性重要。人才与组织的协调性测评主要是人才的知识、技能、经验、职业素养与企业提供的岗位、企业的成长速度的对应。能够满足企业岗位、企业发展要求的人才，则可认定人才与组织的协调性高。

与你为伍的人决定了你的财富与成功

"近朱者赤，近墨者黑"，有了优秀的人才才能有成功的企业。综观失败的企业，其失败都是从任用庸才开始的。美国著名历史学家诺斯古德·帕金森通过长期调查研究，写了一本名叫《帕金森定律》的书，他在书中阐述了机构人员膨胀的原因及后果：一个不称职的官员，可能有 3 条出路。第一是申请退职，把位子让给能干的人；第二是让一位能干的人来协助自己工作；第三是任用两个水平比自己更低的人当助手。

这第一条路是万万走不得的，因为那样会丧失许多权力；第二条路也不能走，因为那个能干的人会成为自己的对手；看来只有第三条路最适宜。于是，两个平庸的助手分担了他的工作，他自己则高高在上发号施令。两个助手既无能，也就上行下效，再为自己找两个无能的助手。如此类推，就形成了一个机构臃肿、人浮于事、相互扯皮、效率低下的领导体系。

与失败的企业相比，成功的企业其动力必然是源自于使用出色的人。使用出色的人，能够事半功倍。与成熟的企业相比，新创企业只有拥有更快的发展速度和更为出色的产品或服务才有可能获胜。而获得较快的发展速度和给客户提供较好的产品或服务，就需要优秀人才来决策和实施。对于创业者而言，人数的多少不重要，最重要的是出色的人才有多少。

卡内基曾说过："即使将我的所有工厂、设备、市场和资金全部夺去，但只要保留我的技术干将和组织人员，4年之后，我仍将是'钢铁大王'。"卡内基之所以如此自信，是因为他能够聘用那些比自己强的人做自己的助手，善于有效地发挥人才的才能。

卡内基虽然被称为"钢铁大王"，但他是一个对冶金技术一窍不通的门外汉，他的成功完全是因为他卓越的识人和用人才能——总能找到精通冶金工业技术、擅长发明创造的人才为他服务，比如说任用齐瓦勃。齐瓦勃是一名很优秀的人才，他本来只是卡内基钢铁公司下属的布拉德钢铁厂的一名工程师。后来，当卡内基知道齐瓦勃有超人的工作热情和杰出的管理才能后，马上就提拔他当上了布拉德钢铁厂的厂长。在厂长的位置上，齐瓦勃充分发挥出了自己的才干，带领布拉德钢铁厂走向了辉煌，以至于卡内基因为布拉德钢铁厂而放言："什么时候我想占领市场，什么时候市场就是我的，因为我能造出又便宜又好的钢材。"几年后，表现出众的齐瓦勃又被任命为卡内基钢铁公司的董事长，成了卡内基钢铁公司的灵魂人物。就在齐瓦勃担任董事长的第七年，当时控制着美国铁路命脉的大财阀摩根提出要与卡内基联合经营钢铁，并放出风声说，如果卡内基拒绝，他就找当时位居美国钢铁业第二位的贝斯列赫姆钢铁公司合作。面对这样的压力，卡内基要求齐瓦勃按一份清单上的条件去与摩根谈联合的事宜。齐瓦勃看过清单后，果断地对卡内基说："按这些条件去谈，摩根肯定乐于接受，但你将损失一大笔钱，看来你对这件事没我调查得详细。"经过齐瓦勃的分析，卡内基承认自己过高估计了摩根，于是全权委托齐瓦勃与摩根谈判，事实证明，这次的谈判卡内基有绝对的优势。

20 世纪初，卡内基钢铁公司已经成为当时世界上最大的钢铁企业。卡内基是公司最大的股东，但他并不担任董事长、总经理之类的职务。他要做的就是发现并任用一批懂技术、懂管理的杰出人才为他工作。

企业的生存、发展离不开人才，一个成功的创业者要善于寻找比自己更强的人才来为自己服务。创业者最重要的责任是善于用人，而不是和属下比谁更能耐。

海纳百川，有容乃大。妒才是创业者的一个大忌。创业者的职责是招募到比自已更强的人，并鼓励他们发挥出最大的能力为自己服务。这本身就已经证明了你的本事，同时不费吹灰之力就可以让自己的事业大风起兮云飞扬，在这个过程中最占便宜的还是管理者自己。那些时常害怕下属超越自己、抢自己风头而对功高盖主者实行严厉打击的领导者是很难变得更强大的，因为他总是缺少比自己有谋略的人的协助，而仅靠一个人的能力和智慧是不可能将企业做大做强的。只有跟优秀的人才为伍，你的创业之路才会通往成功。

充分发挥集体领导力

传统的领导观念认为，创业者就是站在队伍最前面，带领所有人前进的那个人，而集体领导的领导方式是对这种观念的直接挑战。与近年来大受企业欢迎的授权模式相比，集体领导的不同之处在于它以一种真正交互的模式，将领导的权力由一人独有转化为人人共享，从而重新定义了"领导力"。它不是仅提供一种咨询式的领导框架，在这种框架下，掌握权力的领导者允许"下属"参与到他们的领导实践中。

集体领导主要有 4 个特征，即允许多名领导同时存在于团队；所有重大决策都由集体作出；成员相互协作；领导者关怀他人。借助这 4 个特征，企业能够在更大的范围内完成其领导力培养进程，并且与传统的方法相比，成效更为显著。

楚汉之争刘邦胜，却不是靠自己的力量，而是通过授权，发挥集体领导的力量，使张良、萧何、韩信三人实现完美的组合，达到了超越三个人本身能力的效能，终于打败项羽，一统天下。

仔细分析楚汉之争中有关刘邦的那一段作战史，我们不难看出仅凭刘邦一个人的力量是无论如何都无法成功的。刘邦之所以能够战胜项羽而得天下，最主要的原因就是他清楚自己的不足，把各项工作都交由比自己更擅长的人去打理，从而形成一个集体领导层，他们各有所专，各司其职，发挥了巨大作用。

集体领导核心成员之一——谋士张良。张良是刘邦重要的谋臣，为刘邦建立汉王朝立下了奇世功勋。起义之初，刘邦虽有樊哙等武将，却缺乏一个谋士。义军之一的韩王谋臣张良，被刘邦看中，于是用借五万石粮食的借口借来张良。张良来到刘邦处一个月内就教会了刘邦三个道理。

其一，人心险诈，不可不防。刘邦交友广泛，但对他人缺乏提防心理。张良让刘邦拨三千兵并将沛县交由一个"朋友"雍齿管理，而雍齿却借机造反，挟持刘邦的亲眷。用张良的话就是刘邦应该意识到：冰霜薄，人情更薄；华山险，人心更险。

其二，攻城为下，攻心为上。张良知道雍齿是个爱贪便宜的小人，猜测他必定会在晚上出城偷粮。张良让刘邦在劫粮必经之处等候雍齿，将其抓获，没有费一兵一卒。这件事情教会了刘邦：攻城为下，攻心为上。带兵打仗应该尽力了解对方将帅的性格，所谓知己知彼才能百战百胜。

其三，仁义在口中，诡诈心中藏。刘邦宅心仁厚，想打开牢门让雍齿自己走掉。这时张良告诉刘邦：仁义在心中是没有用的，应该做出来，要学会假仁假义。于是，刘邦在集市上当众释放了雍齿，并说了一番慷慨激昂、反抗秦朝暴政的话。结果放了一个雍齿，又有两千人马来投。

这三个道理是每一个君王都应该学会的，张良在辅助刘邦成就大业的整个过程中，不知为刘邦出了多少点子，谋划了多少优秀的策略。

集体领导核心成员之二——相国萧何。相国萧何在辅助刘邦的整个过程中，有两个典故不得不提。由这两个典故中，我们也可以看出萧何对刘邦的辅助作用有多大。

典故一：安定汉中，借机东进。攻下关中后，项羽自封为西楚霸王，封刘邦为汉王，以偏僻的巴、蜀、汉中地区作为刘邦的封地。为了阻止刘邦向东发展势力，还把关中地区一分为三，分封给三个秦朝降将。刘邦看出了项羽的用心，气愤不过，准备同项羽决一死战，樊哙、周勃、灌婴等人也都摩拳擦掌，唯独萧何冷静地分析了当时的形势，劝刘邦不能逞一时意气，而应该休兵养士，广招人才，积聚实力，待条件具备后再东进将项羽拿下。刘邦欣然应允，全心全意地积聚起实力来。

典故二：月下追韩信，设坛拜大将。说起萧何，最脍炙人口的莫过于"月下追韩信"的佳话了，天下人莫不敬佩此公的伯乐眼力。韩信原是项羽的部下，他有勇有谋，是天下无双的军事家。但在项羽手下却得不到重用，就投到刘邦麾下。开始，刘邦对他也不重视，韩信一气之下就跑了。萧何得知后，马上放下没处理完的紧急公务，亲自去追回了韩信，并力劝刘邦设坛拜韩信为大将，为刘邦挽回了一个无人替代的良才。后来，韩信果然没有令刘邦失望，没有辜负萧何的良苦用心，在楚汉战争中，为刘邦消灭了项羽，平定了天下。所以，刘邦能够夺取天下，从一定程度上说，不可忽视萧何荐贤的作用。

集体领导核心成员之三——大将韩信。韩信是一位军事天才，他能够把弱小的军事力量的潜能发挥到极致，以至于最后在垓下设下十面埋伏将不可一世的项羽彻底击败，一举奠定了建立汉王朝的基础。可以说没有韩信的帮助，刘邦不可能冲出汉中大破项羽，最后做上皇帝，开启汉王朝，成为中国第一位平民天子。

对于这三个人的作用，刘邦也心知肚明："夫运筹帷幄之中，决胜于千里之外，吾不如子房；镇国家，抚百姓，给馈饷，不绝粮道，吾不如萧何；连百万之军，战必胜，攻必取，吾不如韩信。"所以，他才能够放心把各项工作交给他们去管理、去指挥，这其实就是我们所说的授权。

在 20 世纪，企业或许可以依靠某一个人的意志或某一个人的决策而攀上成功的巅峰，但在 21 世纪，那些企业领导者个人企图控制企业一切的时代已走向了死亡之旅。在一个越来越依赖集体智慧的时代中，与一位集权的创业者相比，会授权的创业者才能让企业走得更远，更辉煌。

公司的人事管理

人事管理首要的任务是管好人

人事管理与人息息相关，这句话揭示了人事管理的真相：管理的对象是人，管理的服务对象也是人，管理所有达到的经济目标由人来创造。这要求创业者在企业里要尊重员工、重视员工，竭尽全力地促进员工成长，最大限度地帮助员工获得工作成就感。一个懂得充分尊重人的价值的企业必然能够兴旺发达，反之，必然会失败。没有在"人的管理"上下够工夫，即便是宏伟大业也会轰然倒塌。

香港著名企业家李嘉诚认为人才对于公司非常重要，甚至比金钱还重要。他广纳贤才，而不在意出身和背景，只要有能力，他均奉为上宾。一个人要成就一番事业，就必须有得力的人才辅佐。他曾高兴地对记者说："我所取得的成就是大家同心协力的结果。"媒体形容他身边有 300 员虎将，其中 100 个是外国人，200 个是年富力强的香港人。

20 世纪 80 年代中期，长江实业集团的管理层基本上实现

创办你的企业

了新老交替，各部门负责人大都是 30 ~ 40 岁的少壮派，其中最引人注目的要数霍建宁。霍建宁毕业于香港名校港大，随后赴美深造，1979 年学成回港，被李嘉诚招至旗下。他擅长理财，负责长实全系的财务策划。李嘉诚很赏识他的才学，长江实业的重大投资安排、股票发行、银行贷款、债券兑换等，都是由霍建宁亲自策划或参与决策，传媒称他是一个"浑身充满赚钱细胞的人"。

这些项目动辄涉及上百亿资金，由此可以看出李嘉诚对他的器重和信任。1985 年，李嘉诚委任他为长实董事，两年后又提升他为董事副总经理。此时，霍建宁才 35 岁，如此年轻就担任香港最大集团的要职，实属罕见。这从另外一个角度可以看出，李嘉诚对人才的重视程度。

管理与人息息相关，还需要企业管理者设计出一套可以使所有员工公平参与的群体运行体制，这个体制能够使员工发挥所长，避其所短。

中石化海南炼油化工有限公司（以下简称海南炼化），这个被誉为中国石化 21 世纪样板炼厂的新企业创造了奇迹，它以最短的时间、最快的速度建成我国 20 世纪 90 年代以来第一个整体新建的环保型炼油厂。它以国内领先的炼油技术运营生产，成为国内单系列规模最大的炼油企业之一。不仅如此，海南炼化创造的奇迹更体现在它运行着一个与老企业截然不同的管理模式，管理体制上的创新构成海南炼化的最大亮点。

海南炼化管理创新首先体现在内部管理体制和运行机制创新。一是机构高度扁平化，不设车间管理层，建立以经理班子、部门、运行班组的扁平化管理模式；二是部门精减，只设10个部门，既是管理部门也是运行部门；三是一人多岗、一专多能，岗位职能高度复合化；四是辅助后勤系统社会化、专业化，使主业精干高效。

对人才的管理，海南炼化强调"以岗论英雄"，不管你多高的学历，多高的职称，在岗位面前人人平等。海南炼化取消了干部编制，不管你原来任何职，职务高与低，来到这里都变成了员工，即使是做管理，也仅仅是分工的体现。从2004年4月26日奠基、9月16日开始施工建设，到2006年7月底建成、9月底全面投产，海南炼化已经创造了无数个奇迹。被领导和专家给予了设计方案最优化、建设周期最短、工程质量控制最好、开工组织最周密、安全环保是优良等诸多赞誉。

海南炼化的成功，是管理体制的成功。

在很多创业者的心中，"管理"这个词是等同于管人、卡人，是管员工、卡员工的手段、工具、过程。以至于有学者说，在中国用管理一词太不应该，特别是当今在大谈和谐社会，以人为本的前提下，就更不应该了，他认为，中国人如此聪明，如

创办你的企业

此有"悟"性，是不需要管理的。

事实上真正意义上的管理并不是管员工，卡员工的，而是有着极其丰富的内涵。我们可以先将管理这个词分拆为两个字："管"和"理"。"理"应该有两层含义：第一层含义是，对员工的心理进行梳理，能让员工始终保持一份好的心情；第二层含义是，对员工从事的工作进行梳理，保持员工所进行的工作条理清晰，有条不紊。

有了这两层含义，员工就能始终快乐，工作再也不是苦恼的事，就愿意工作。再来看"管"字，"管"应该是协调，协同不同员工的工作，让大家劲往一处使，心往一处想。

这样的管理对创业者、员工来讲都将与幸福关联。

企业要有好的机制

在兵法上有一句话说得好："用赏贵信，用刑贵正。"这里的用赏贵信也就是激励机制，用刑贵正，也就是惩罚机制，但现在我国大多数企业对员工的管理机制与约束机制还没有很好地建立起来。如在一些企业中，不仅缺乏有效的培养人才、利用人才、吸引人才的机制，还缺乏合理的劳动用工制度、工资制度、福利制度和对员工有效的管理机制与约束措施。

当企业发展顺利时，首先考虑的是资金投入、技术引进；当企业发展不顺利时，首先考虑的则是裁员和员工下岗，而不是想着如何开发市场以及激励员工去创新产品、改进质量与服务。那么企业如何制订一个员工激励制度，从而有效地驱动员工工作呢？其实这就是一个博弈的运用。

比如说有一家游戏软件的企业老总，打算开发网络游戏。如果开发成功，根据市场部的预测可以得到 2000 万元的销售收入。如果开发失败，那就是血本无归。而企业新网络游戏是否会成功，关键在于技术研发部员工是否全力以赴、殚精竭虑来做这项开发工作。如果研发部员工完全投入工作，有 80% 的可能，这款游戏的市场价值将达到市场部所预测的程度；如果研发部员工只是敷衍了事，那么游戏成功的可能性只有 60%。

如果研发部全体员工在这个项目上所获得的报酬只有 500 万元，那么这些员工对于这款游戏的激励不够，他们就会得过且过、敷衍了事。要想让这些员工得到高质量的工作表现，老板就必须给所有员工 700 万元的酬金。

如果老板仅付 500 万元总酬金，那么市场销售的期望值有 2000 万 ×60% ＝ 1200 万元，再减去 500 万元的固定酬金，老板的期望利润有 700 万元。如果老板肯出 700 万元的总酬金，则市场销售的期望值有 2000 万 ×80% ＝ 1600 万元，再减去总酬金 700 万，老板最终的期望利润有 900 万元的剩余。

然而困难在于，老板很难从表面了解到研发部的员工在进行工作时到底有没有尽忠职守、兢兢业业地完成任务。即使给了全体员工700万元的高酬金，研发部员工也未必就会尽心尽力地完成这款游戏。由此看来，一个良好的奖罚激励机制对于企业极其重要。

公司最好的方式就是若是游戏市场反映良好，员工报酬提高，若是不佳，则员工报酬缩减。"禄重则义士轻死"，如果市场部目标达到，则付给全体研发人员900万元，若是失败，则让全体研发员工付给企业100万元的罚金。这种情况下，员工酬金的期望值是900万×80% - 100万×20% = 700万元，其中900万元是成功的酬金，成功的概率为80%，100万元则是不成功的罚金，不成功的概率为20%。在理论上，采用这样的激励方法会大大提高员工工作的努力程度。

从某种意义上来说，这种激励方法相当于赠送一半的股份给企业研发部员工，同时员工也承担游戏软件市场失败的风险。然而这种方法在实际中并不可行，因为不可能有任何一家企业能够通过罚金的方式来让员工承担市场失败的风险。可行的方法就是，尽量让企业奖惩制度接近于这种理想状态。更加有效的方法，就是在本质上类同于奖励罚金制度的员工持股计划，可以将股份中的一半赠送给或者销售给研发部的全体员工，结果仍然和罚金制度是相同的。

从这个例子中可以看到，员工工作努力与否与良好的激励机制密不可分。然而现实中的很多公司却不明白这个道理。比如很多公司的奖惩制度上写着："所有员工应按时上班，迟到一次扣 10 元，若迟到 30 分钟以上，则按旷工处理扣 50 元。"国外有弹性工作制，即不强求准时，但是每天都必须有效地完成当天的工作。即使有人迟到、早退、被扣除工资，但是在实际工作中很有可能并不是努力工作，其因扣除工资而产生的逆反心理导致的隐性罢工成本反而有可能高于所扣除的工资。从表面上看，老板似乎赚得了所扣工资的钱，实际上却损失更多。可见，这并不是一个有效的奖罚激励制度。

再比如有的公司规章条例写着："公司所有员工应具有主人翁意识，应大胆向公司创业者提出合理化的建议，可以直接提出也可以以书面形式提出，若被采纳后奖励 50 元。"试问，不同的合理化建议对公司所创造的效益是不同的，假设一个人所提建议可以提高效益 5 万元，另一个人所提建议则只能提高效益 500 元，都用 50 元的奖金来进行物质激励，其条例本身明显就不是合理化的制度。

雨果曾说过："世界上先有了法律，然后有坏人。"制度是给人执行的，也是给人破坏的。有时，制度成为不能办事的借口。刚开始，制度是宽松的，后来设的篱笆越来越多。有很多规则是潜规则，不需要说明。比如，买菜刀时，不需要说明就知道不能让刀刃对着人。有些规则不规定不行，比如开会，

创办你的企业

不规定准时就肯定有人迟到。

　　制度还有一个给人破坏的特征。破坏制度的时候让人觉得亲密，比如，按制度你只能住400元的房间，老板说，我破例给你住600元的，员工觉得老板违反制度对我特别好，而这样员工就会在工作上付出更多的努力。

　　总而言之，一个良好的奖惩制度首先要选择好对象，其次要能够建立在员工相对表现基础之上的回报，简单地说，就是实际的业绩越好，奖励越高。只有合适的奖罚分明的制度才能够对员工创造出合适的激励。因此说，一个好创业者应建立好一个管理激励与约束机制员工的制度。

关于员工招聘和入职体检

　　著名企业家松下幸之助曾经规定松下公司选人的标准是：不念初衷而虚心好学的人；不固守成规而常有新观念的人；爱护公司和公司成为一体的人；不自私而能为团体着想的人；有自主经营能力的人；忠于职守的人；有气概担当重任的人。

　　因此，初创企业应重点追逐那些相对优秀的人才，即目前最需要的而且能够与企业共同成长的人才。而一些创业者在招聘时，抱着一种"凑合"的态度，这很大程度上是源于创业者本人的不自信。如果连自己都不相信优秀人才能够加盟，那么优秀人才还会对你感兴趣吗？

创业公司要想吸纳到素质高、专业技能强、工作经验丰富的员工，在实际的招聘工作中应做好以下几个方面：

1. 拟定招聘启事

在招聘员工之前，招聘者应该做到心中有数，最好先做一个计划。比如：招聘什么样的人才，给他（她）什么样的条件，怎样让合适的人才愿意接受这些条件？弄清楚了这些问题，你才能拟出一份有效的招聘启事。

初创公司在拟定招聘启事时，不要以"具备本市户口""3年以上工作经验"等千篇一律的形式，而应该有"自我推销"的意识。因为应聘者对你是不了解的，你应该站在应聘者的立场，了解他们想做什么样的事情，然后有意识地去描绘企业蓝图，这样才能引起他们的兴趣。

2. 发布招聘信息

发布招聘信息，最简单的方式是网络招聘。大家比较熟悉的知名人才招聘网有智联、中华英才、前程无忧等。

如果招聘的是特殊的行业人才，特别是高级技工人才，从常规渠道招聘可能有困难，那么可考虑参加专场招聘会，或者委托给猎头公司代为寻找。虽然花费高一些，但招到这类人才的可能性较大。

3. 简历筛选

由于就业形势严峻，即使你是一家只雇佣一两名员工的小企业，也可能收到不少应聘者的简历。所以收到简历以后，要先认真筛选一下，从简历中排除那些明显不符合要求的应聘者。

4. 电话初试

简历筛选出来后，不要立即通知面试，要先电话初试一次，重点是确认对方在简历中描述的工作经验和能力是否属实。通话中要巧妙地设计一些"考题"，进一步筛除不合要求的应聘者。

5. 面试和笔试

对于初步认可的应聘者，可约定一个时间进行面试。面试是整个招聘流程中最关键的一个环节。面试表面上是招聘者考验应聘者的能力，其实也是在考验招聘者的"自我推销"能力。

因此，在面试时，你不但要提出高质量的问题请对方回答，同时还要看对方能否提出有价值的问题。面试最好安排在周末，并注意将时间错开，以节省双方的时间。

面谈结束后，可立即进行笔试。题目要根据应聘职位来设计，以考察专业知识为主，同时也可考察一下应聘者的综合素质。

6. 决定聘用

根据面试、笔试的结果，决定正式聘用的人选。在此之前，最好有一次更为深入的谈话，以加深双方的了解。

7. 体检

入职体检意在通过体检保证入职员工的身体状况适合从事该专业工作，在集体生活中不会造成传染病流行，不会因其个人身体原因影响他人。入职体检有相对固定的体检项目与体检标准。体检的一般项目包括抽血化验、血常规、肝功能、乙肝表面抗原、血型等。

8. 办理入职手续

新员工在进入公司之前应到人事部门办理劳动人事关系，签订劳动合同等公司规定的其他相关入职手续，人事部门并给予建立档案。档案中需要有员工基本情况登记表、录用员工审批表、职工劳动合同、资力证书复印件、培训情况等。

试用期员工管理

为使新员工尽快熟悉工作，融入所属团队和公司文化，同时明确新员工在试用期期间，人力资源部门、所在部门和新员工本人的职责，加强试用期员工的管理是新创公司培养人才的关键。

一般来讲，新员工进入公司后，无论对团队还是对具体的工作岗位，都充满了期待和希望，他们常常会表现得很积极、努力。但面对完全陌生的环境，试用期的员工心理会比较敏感，

创办你的企业

因此，管理者需要"呵护"式的沟通与指导。

文月进入新公司快3个月了，职位是编辑，也开始以"公司记者"的身份去采访公司员工、撰写稿件和策划公司内刊。一天，部门经理找到人事经理，决定终止文月的试用，理由是她的"选题不好"，"思路不清晰"，"文字表述都有问题"等等。

按公司惯例，人事经理通知文月办理离职手续时，文月抱怨事情处理得太突然。她表示："自己做得不错，上了那么多稿子，况且平时主编从来也没说过什么，快转正了才说我不行，太不公平了。"当然文月最终还是离开了公司。

从文月的上述遭遇我们不难看出，这个公司在管理环节上出了问题，不注重与新员工进行沟通与指导。管理者重视与员工的交流沟通，可以及时了解员工对新岗位的适应情况，从而对其工作进行及时指导。

当然，管理者做好员工的思想工作的同时，还要在岗位技能方面给予帮助引导。在实际的工作中，很多企业往往通过开展员工培训来促进员工尽快了解企业文化，融入团队，掌握岗位技能。

招聘一名经验丰富的员工，对创业企业来说当然是理想的选择，但如何让他们适应新的环境，而不被老经验束缚，是一个不小的难题。因此，不管新进员工是否有工作经验，企业都需要为其量身打造培训计划。

但对于创业公司来说，根本没有能力组织非常系统的员工培训，所以，新企业的员工培训工作，应以解决当务之急为目标，培训最需要培训的员工，培训最需要培训的内容。因此，创业公司在对新员工培训时，要重点培训以下内容：

1. 培训应偏重员工心理

现代企业的培训方式大致可分为两种，即能力培训和心理培训。能力培训主要是知识和技能培训，它是硬性的、可测评的，因此受到企业的普遍重视。而心理培训则容易遭到忽视。

企业对员工的能力培训，主要采取的是老员工带新员工的方式，而创业企业不具备这样的条件。很多时候，连创业者本人都是边干边摸索，又怎么谈得上培训呢？所以，在创业企业，员工能否快速提升能力，主要依赖于他们的自我学习。

员工自我培训的效果，很大程度上取决于其心态是否端正。对创业企业而言，心理培训具有更重要的现实意义。教育心理学中，有一个术语叫"翁格玛利效应"，即通过对受教育者进行积极的心理暗示，使其认识自我，增强信心，最大限度地挖掘潜能。

因此，在新员工的试用期内，应该有意识地加强对他（她）的这种心理培训。这种培训完全可以与工作同步，在潜移默化中完成。通过这种培训，使员工拥有更健康向上的心态，他们就会主动去寻找提升自身能力的方法。

2. 培训应与考察结合

员工试用期的培训应该与考察结合起来，因为不管招聘者如何慧眼识人，都有可能招到不称职的员工。当然这种"不称职"也是相对的。看似"不称职"的员工，如果在培训中心态良好，学习能力强，能较快胜任工作，那么管理者有什么理由不聘用他呢？

如果发现应该淘汰的员工，你应及时地、果断地解除雇佣关系。这个时候不要被感情因素牵制。你要知道，拖得越久，对其伤害可能越深。

为了防止高估或错失人才，管理者要给自己留下足够的考察时间，同时也要给员工一些适应的时间。况且第一轮培训期应与试用期基本一致，试用期的长短应视工作性质而定。很多事实证明那些逐步进入状态的员工，反而更能踏实做好自己的工作。

在试用期结束前，管理者应该明白哪些员工是应该留下的？哪些员工是应该淘汰的，需要提醒的是，能力不是决定去留的唯一标准。对于那些心态不好，总是满腹怨言，或是唯我独尊、和企业不合拍的人，能力再强也不能留。

美国企业管理学教授沃伦·贝尼斯曾说："员工培训是企

业风险最小，收益最大的战略性投资。"员工培训是一个长期的过程，优秀员工的培养也是一个循序渐进的过程。没有哪一个企业通过一次培训就培养出卓越人才的。"经过培训的员工是资产"这句管理名言说的就是这个道理，对于新创公司来说，培训员工也可以说是在为公司的成长积累原始资本。

创办你的企业

第四章

选择适销稳妥的创业项目：
找到最适合自己的商机

第一节

准确调研，认真评估项目

科学的市场调查是创业成功的关键

创业初期，创业者在做任何决策前都应该进行科学的市场调查，充分了解将要"一展拳脚"的这个行业的独特规律以及发展趋势。如果创业者不深入进行市场调查，而只是凭经验凭感觉或者人云亦云盲目跟风，这种不经过调查分析所做的决策，往往容易导致创业失败。

所谓市场调查，就是对某一产品或服务的消费者，以及市场营运的各阶段进行调查，有目的地、系统地搜集、记录、分析及整合相关资料，了解市场的现状及其发展趋势，为市场预测和营销决策提供客观的、正确的资料。

市场调查对创业起到什么样的作用？又会怎样影响企业经营呢？我们不妨来看一看这个例子：

享誉全球的大品牌可口可乐在 20 世纪 80 年代中期出现过一次极具毁灭性的"失误"。

1982 年，老对手百事可乐对可口可乐发动了新一轮的市

160

场攻势，这一回，百事可乐的销量一路上升，已经威胁到可口可乐的传统霸主地位。为了扭转劣势，可口可乐公司决定进行一次深入的市场调研，以便发现问题，找到对策，解决危机。

这一次的市场调研中，设计了诸如"你认为可口可乐现有的口感如何？""想不想尝试一下新的口感？""如果可口可乐的口感变得柔和一些，你是否能接受？"等一系列问题，公司希望通过这次市场调研，了解消费者对可口可乐口感的评价，以便开发新口味的可口可乐。根据市场调研的数据显示：大多数消费者表示接受新口味的可乐。

于是可口可乐公司以此为依据，开始研发新口味可口可乐。新口味可口可乐正式推向市场之前，可口可乐公司又进行了口味测试。结果让决策层更为放心。这次市场调查的数据显示：新可乐应该是一个成功产品。

1985 年，可口可乐公司举行了盛大的新闻发布会，并在会上隆重宣布：新口味可口可乐取代老可口可乐上市。

然而，实际情况却是：在新口味可口可乐上市之后，可口可乐公司遭到了人们的严厉指责，人们认为新口味可口可乐是对美国的一个象征的背叛，甚至有人成立"美国老可口可乐饮用者"组织来威胁可口可乐公司，如果不按老配方生产，就要提出集体控告，有的消费者甚至扬言再也不买可口可乐。仅仅过了 3 个月，新口味可口可乐计划就以失败而告终。

市场调查是企业制定方针策略的依据，是非对错需要由市场来验证。这一次的市场调研中，可口可乐公司却忽略了最关键的一点：对于广大消费者来说，可口可乐背后所承载的传统的美国精神才是他们最主要的购买动机，新口味可口可乐的出现，无疑是对美国精神的一种背叛，这次市场调研失败的最主要原因就在于此。

市场调查是创业的前奏，是制订战略方针的基础，可供参考的调查方法主要有两种：一是委托专门的市场调查公司，二是由自己一手操办。但总体来说，不管是找人操办还是亲自操办，市场调查的实施方案大致相同：

1.确定明确的市场调查目标

市场调查是为创业者做市场预测和经营决策提供科学可靠的依据。这就要求创业者首先要明确："我为什么要做市场调查？我要了解哪些情况？我要解决哪些问题？"不少创业者由于目标模糊，对市场调查的设想显得杂乱无章。这就要求创业者必须对症下药，在进行正式的市场调查之前，要先通过网络、各类报刊、统计部门、行业协会公布的信息等方式，有效地收集整理相关的二手资料。这样就能够在明确目标的指导下，为市场调查做足准备工作，而在具体调查中，消费者也乐于配合，创业者的市场调查设想也显得井然有序。

创办你的企业

2.设计具体的调查方案

创业者在制定明确的市场调查目标后，接下来的一个步骤就是将为实现这一目标设计一个具体的方案。一个切实可行的市场调查方案一般包括以下几个方面的内容：

（1）调查要求与目的。这是每次市场调查最基本也是最为关键的问题。不管准备从事哪一种创业项目，都应该将需要了解的相关信息具体落实到方案上。

（2）调查对象。通常情况下，市场调查的对象一般为消费者、零售商、批发商。

（3）调查内容。创业者可以根据市场调查的目的来拟定明确的调查内容。调查内容要求条理清晰、简洁明了。避免主次不分，内容烦琐。

图片来源：摄图网

（4）调查样本。

（5）调查的地区范围。

（6）样本的抽取。

（7）资料的收集和整理方法。

与企业在做决策前都该做市场调查一样，创业者在决定创业项目时，更应该进行科学的市场调查。科学的市场调查是创业成功的关键，决策正确与否，关系到创业的成败。不少创业者因为一个错误的决策导致全盘皆输，但愿更多的创业者能够认识到市场调查的重要性，认识到科学的市场调查是创业决策的好帮手，真正重视市场调查，在激烈的市场竞争中不断取得胜利。

市场调查的 3 个阶段

具体来说，创业者进行市场调查一般分为 3 个阶段，分别是：前期准备阶段、正式调查阶段、信息处理阶段。

1.前期准备阶段

前期准备阶段又可分为明确调查主题、拟订调查计划、调查人员培训、试探性调查等阶段。

（1）明确调查主题。创业者在调查之前要在综合分析的基础上，确定好调查主题。调查主题一般要根据调查的目的，并经过初步情况分析后加以确定。初步情况分析主要是为了确定调查主题，使调查更具有针对性，并对与公司创建相关的内外部环境进行初步了解。

（2）拟订调查计划。调查计划包括：明确调查的目的；确定调查对象；选择调查和收集资料的方法；明确调查日期，特别是完成时间；做出调查经费预算及规定作业进度安排。

（3）调查人员培训。调查人员的素质对调查质量影响重大。因此，必须确定合适的人选并采取有效的方法进行培训。

（4）试探性调查。调查人员根据调查主题，应在小范围内作一些试探性调查，如访问有关专家、中间商和推销员，征求用户和销售人员的意见等。

2.正式调查阶段

（1）设计样本计划。样本计划就是描述选择这个样本的过程与方法。一种方法是使用随机抽样。这里，总体里的每个组成部分都以一个已知且同样的概率被选在样本里。在要表明样本代表总体的程度时，一般使用随机抽样。另一种确定样本的方法是非随机抽样。在非随机抽样中，研究总体中每个组成部分被抽中的概率是不同的，而且也是未知的。样本设计还包括确定样本大小以及选择适当方法以确保样本结果的准确性等。

（2）组建调查机构。调查机构的组建可以由内部的专业人员来完成，也可以直接委托外部的专业组织来进行调研和分析。另外的选择就是，与外部的研究专家联合形成课题小组或请他们完成课题的某一部分，如进行抽样设计或提供特殊的资料分析手段等。

（3）调研资料的搜集。市场调查的各种资料，可分为原始资料和外部资料两大类。原始资料是从实地调查中所得到的第一手资料；外部资料是从他人或其他企业取得的、已经积累起来的第二手资料。使用二手资料的好处是可以借鉴其他公司的成功经验，同时也能节省经费，提高效率，应该作为主要的资料搜集手段。

（4）现场实地调查。即现场收集资料。现场调查要把调查人员分工，并掌握调查进度，保证调查质量。

（5）确定调研分析方式。在具体调查之前，调研者一定要预先考虑对每个数据将进行何种分析以及作何种检验，模拟问题答案，然后对模拟的答案进行分析。因此，调研者必须在开始收集资料之前判断将要收集什么类型的资料，或需要什么样的结果才能达到研究目标而且也适宜提出决策建议。一旦资料收集完毕，再补救就晚了。

（6）经费预算和时间安排。调查进行之前，还要事先对调研经费进行预算，并估计研究的价值，进行成本—效益分析。在做费用估计时，可以根据研究阶段或费用类型估计，如劳务费、问卷费、差旅费、设备使用费等。另外要考虑的是时间因素。调研组织者要对整个调研在时间上做周密的安排，规定每个阶段要达到的目标或任务。有效的时间安排可以使调研管理更方便，而且也便于调研资料的分类。

3.信息处理阶段

（1）整理资料。市场调查获得的资料，大多数是散乱无序的，有时难免出现虚假、差错、短缺、冗余等现象，甚至包括调查人员的偏见，难以反映调查问题的特征和本质。因此，必须对资料进行整理加工，使之真实、准确、完整、统一。整理资料，就是运用科学方法，对调查资料进行编校和分类，使之系统化、条理化。这一过程十分重要。

（2）提出调查报告。资料的整理和分析是提出调查报告的基础，而提出调查报告则是市场调查的必然过程和结果。调查报告由以下几个主要部分组成：

①前言。主要说明调查的目的，调查过程及采用的方法。

②正文。根据搜集的资料，进行准确的分析，做出结论与工作建议。

③附件。主要是报告正文引用过的重要数据和资料，必要时可以把详细的统计图表和调查资料作为附件。

创业者需要注意的是，调查报告应力求客观、简明，用资料、数字说明问题，切忌主观臆断，并且要及时准确地完成，以指导实际工作。

预测未来市场需求的5种方法

由于市场环境的不同，情报资料来源、可靠性和类型的多样性，以及预测的差异，产生了多种不同的市场需求预测方法。常用的预测方法包括以下5种，创业者可以借鉴一下。

1.经营者意见法

经营者意见法是利用群体讨论的方式，首先组成专家小组，然后定期集会共同讨论、共同作预测，希望能从讨论中得到一致的看法。使用经营者意见法时，通常将财务、采购和销售等部门的管理人员聚集在一起举行会议，共同对预测事项进行讨论。有些公司在开会之前会准备一些相关的背景资料供与会者事前参考，这样可以使讨论更深入地进行，也往往能取得极佳的效果。

2.购买者意向调查法

购买者意向调查法是通过直接询问潜在购买者的购买倾向和意见，据以判断销售量的一种预测方法。此法由于能够直接了解潜在购买者的意向，而他们又最清楚自己未来的购买量，因此，如能获得完整资料，预测的准确性就比较高，所以多用于需求较稳定的生产资料市场的预测。

对以下3类顾客而言，购买者意向调查法比较有效：购买意向明确清晰的购买者；意向会转化为购买行动的购买者；愿意把其意向告诉调查者的购买者。

对于产业用品，创业者可以自行从事顾客购买意向调查。对于耐用消费品，如汽车、家具、家用电器等的购买者，创业者一般要定期进行抽样调查。另外，还要调查消费者目前和未来个人财力情况以及他对未来经济发展的看法。通过统计抽样选取一定数量的潜在购买者，访问一些购买者的有关部门负责人，以此获得第一手资料和一些相关资料，创业者通过综合分析，就可以对其商品的市场需求有一定程度的了解。

3. 时间序列分析法

对于一个已经经营了一段时期的公司而言，可以根据前段时期的销售状况来预测未来的销售发展趋势。这首先要通过统计分析方法，证明历史的销售数据确实具有连续性的因果关系，然后才可以此为基础来预测未来。

公司是一家专营销售电视机的公司。2009年，该公司售出20000台电视机，其想根据时间序列分析法计算出2010年3月的预计销售量。其已知销售量的长期趋势是每年递增6%，因此，2010年的总销售量估计为212000台。但是由于经济周期的影响，预计2010年经济形势将进一步好转，销售量达到正常情况下的120%，即254400台。如果每月的销售量相等，那么，月平均销售量应为21200台。然而，3月通常是销售淡季，季节指数为0.9，因此，预计3月的销售量为21200×0.9=19080台。

4.销售人员意见法

调查本公司销售人员的意见不失为一种可行的预测方法。因为处于第一线的销售人员经常接触顾客，对市场行情有深入的了解，他们对未来的市场需求走向和销售量的起伏，往往可以提出宝贵的意见。

采用这种调查方式，可以根据具体情况的不同，采取个别判断、群体讨论或问卷调查的方式；调查对象也可依情况分别调查销售员、销售主管或经销商。

5.专家意见法

专家意见法是以专家的经验和判断进行预测，此法又名德尔菲法。其具体做法是向选择的预测专家分别发函或调查表，提出问题，并提供进行预料的各种资料，要求专家背靠背地按照自己的想法提出预测意见，由预测组织者把专家们的意见汇集、整理后，再把不同的意见及其理由反馈给每位专家，这样多次反复整理，逐步缩小各种不同意见的差距，得到基本上趋于一致的预测结果。

实践中，创业者应用专家意见法进行市场预测，要注意以下5方面的问题：

（1）会议之前，预测组织者要向与会专家提供与主题相关的详尽资料。因为虽然各方面专家都是对预测问题有较深入了解的人员，但有时各位专家所了解的只是自己所从事工作的一个方面，对于全面情况或近期的情况，还需要一个深入了解的过程，这是保证专家意见切实可行的基础条件。

（2）会议在邀请专家时，应该包括对主题内容相关的各个环节有独到见解的多位专家。要包括部门管理人员，也应包括专家学者。如若对某种新产品投放市场后的需求量进行预测，则应邀请产品的设计生产专家、组织产品销售的专家及产品的消费者等。这样的专家阵容往往能收到良好的效果。

（3）各位被邀请的专家，要在会议前准备好发言提纲；会上要充分发表意见；对于不同意见可以讨论。

（4）会议人数多少，要根据实际需要和会议主持者的能力而定。一般会议参加人数不宜过多，以能够解决预测问题为标准。

（5）会议主持者要有虚心求教的态度，在会议上以听取意见为主，一般不发表意见，防止因先入为主的意见阻碍与会者的发言积极性。

进行市场调研的几大方法

市场调查的方法多种多样，使用哪一种方法主要取决于调查的目的、行业以及被调查对象的特点等。在公司创建初期的市场调查中，往往要综合应用多种调查方法。

常用的市场调查方法大致有以下几种：

1.二手资料收集法

二手资料收集法在创业者无法清楚地理解和表述问题所在时可以采用。有的时候，创业者提出了一个问题，但是通过一段时间的分析才发现，其实该问题并不是自己所想调查的核心问题。这个时候二手资料收集法或许能让消费者放弃错误的"问题"，转而研究真正的核心问题。

通常情况下，利用二手资料收集法的具体步骤是：

（1）确定调查目的，明确调查主题。进行二手资料收集首先应该确定研究的目的，根据调查主题来确定所需要的信息资料和资料来源，再安排适合的人选有针对性地进行资料查询，主题的确定非常重要，可以避免搜集与主题无关的资料。

（2）确定资料来源途径并着手进行搜集。调查人员要根据调查主题，制订调查方案，确定从哪里获得二手资料，搜集所需二手资料的顺序和方法，以及搜集这些资料所需要的时间、精力、人员安排等。二手资料有企业内部和外部资料之分，搜集的基本顺序是先内后外，从一般到具体。

（3）评估和筛选工作。其评估和筛选的标准为：

①内容是否与调查目的相吻合，是否满足调查主题要求。

②搜集方法是否可靠与可信。

③二手资料的时效性。

④二手资料获取的时间、精力、人员安排的可行性。

（4）出具分析报告。

2.访问法

访问法是将所要调查的事项，以当面、电话或书面的方式向被调查者提出询问，以获得所需资料的调查方法。它是最常用的调查统计方法。

（1）个体访问法。是调查者面对面地向调查对象询问有关问题，调查对象的回答可当场记录的调查方法。这里的调查对象多是相互之间没有关联的个体。调查者可根据事先拟定的询问表（问卷）或调查提纲提问，也可采用自由交谈的方式进行。调查方式可采用走出去、请进来或召开座谈会的形式，进行一次或多次调查。

（2）分组访问法。是指建立一个包括各部门人员的专门小组面对面地向调查对象询问有关问题，调查过程中调查者相互配合的一种方法。如组织设计、工艺、情报、质量、设备和销售人员参加的用户访问小组。这种调查方法能取得全方位的资料，效果较好。

个体访问与分组访问的特点是直接面对调查对象，能当面听取意见并观察反应；能相互启发和较深入地了解情况，对问卷中不太清楚的问题可给予解释；可根据被调查者的态度灵活掌握，或进行详细调查，或一般性调查，或停止调查；资料的真实性较大，回收率高。这两种调查方式也存在着两大弊端：

首先是调查成本高，包括资金成本和人员成本；其次是调查质量取决于人员配置，容易因小失大。

（3）电话访问法。是调查者经充分准备后，用电话向调查对象询问并收集资料的一种方法。其优点是资料收集速度最快，成本最低；可按拟定的统一问卷询问，便于资料统一处理。缺点是调查对象只限于有电话的用户，调查总体不够完整；调查程度不够深入，调查的质量与调查对象当时的心情和调查气氛有关。

（4）信函访问法。是将设计好的询问调查表、信函、订货单、征订单等通过邮局寄给被调查者，请其填好后寄回的方法。这种方法的优点是：调查范围广，凡邮政所达地区均可列入调查范围；被调查者可有充分的时间来回答；调查成本较低；调查资料较真实。缺点是得到的反馈数量要打折扣，回收时间较长；往往因调查对象不能全面配合而导致调查质量不高。

至于在具体调查中到底选用哪种方法，主要应根据调查问题的性质和要求，决定一种或多种结合使用。

3. 观察法

观察法是由指定的专门人员或仪器在现场从旁观察并记录调查对象的行为的一种搜集资料的方法，此法不直接向被调查者提出问题，而是直接观察事实或通过仪器进行记录。常用的观察法包括以下几种：

创办你的企业

（1）现场观察法。是指调查人员到现场直接观察被调查对象的调查方法。如调查人员想了解某种新产品性能对消费者的吸引力，就可到出售该商品的现场去观察并取得第一手资料。

（2）随机观察法。是指按提前选定的抽样时间点记录现场状态的方法，如对某随机顾客购买某种商品的行

为进行观察。

（3）迹象观察法。迹象观察法是指对调查现场、对象的事后调查，调查的资料是现场、对象留下的痕迹，如顾客在意见簿上的留言等。

4. 实验法

在一个相对较小的特定市场内，以商品经营的某个因素为基准，如商品质量、包装、设计、广告、价格、陈列等，通过实验的方法来测定顾客的反应，然后根据实验的结果，决定是否值得开发。

实验法通常采用以下两种方式：

（1）变动商品因素。在同一市场条件下，首先对正常经营情况下的各个因素进行测量，然后再测量变动某个商品因素（如价格、包装、广告等）后的情况，通过销售的效果来测定该商品因素对购买行为的影响。

（2）变动调查区域。如由于市场形势发生变化，商品购买力变化，以及价格、消费心理、季节变化等，都会不同程度

地影响实验效果。如具在同一时间将不同区域的经营状况进行对比，则会大大提高实验效果。如把同一类商品采用某种特定的包装形式分别在条件大致相同的两个公司进行试销，然后测量其结果，来了解这种包装对购买行为的影响。

5. 抽样调查法

抽样调查就是采取重点调查的方法，从全体调查对象中选取一部分具有代表性的顾客或商品因素进行调查，从而推断出需要调查的市场的整体状况。在市场调查中，这是一种最基本、最常用的方法。采用抽样调查的方法相对于普查法来说，具有科学、省时、省力、节省经费开支等优点，可以获得足够准确的市场调查资料。抽样调查可分为随机抽样和非随机抽样两种方法。

第二节

选择最适合自己的商机

挑选项目要认真考量

李孟大学毕业后从事过很多工作，但都因为不太喜欢而放弃。经过一番冷静思考，李孟决定创业。创业的前提是要选择一个好项目，李孟为此颇费脑筋。

经过长时间的调研，李孟决定搞园艺开发。一则因为他喜欢伺候花儿草儿，对园艺有着相当浓厚的兴趣，更重要的是他对此有着丰富的经验，因为他之前工作之余也曾搞过绿化种植和绿化装饰设计。于是，他和同厂下岗职工自筹资金，选择在浦东新区杨思租了6亩土地，办起了园艺场。到目前为止，他们种植了包括7个大棚，2间暖房在内的6亩地的盆花和观赏植物，花卉品种达百余种，拥有30多家固定客户，资产近200万元。

现在的市场竞争愈发激烈，就业形势也越来越严峻，有很多人选择自主创业，但创业并不是一件简单易行的事情，譬如说创业项目的选择，就是一件令人颇为头疼的事情。而创业成功与否与项目的选择休戚相关，要想创业取得成功，挑选一个好的项目是必不可少的首要任务，创业者在项目的选择上要针对所在地域的消费人群，他们的消费观念和消费水平来挑选创业项目。

下面将简单地向大家介绍选择创业项目需要注意的 3 大绝招、5 大原则以及 5 条标准，虽然是创业项目的选择最终是要由创业者自己决定的，但是创业者也可以广泛听取专家、成功企业家的建议，这样可以少走弯路，使自己的决策更具可行性。

1.选择创业项目 3 大绝招

（1）选择创业项目时不要跟在别人后面走。

小本经营者，求稳心理较重，往往喜欢跟着别人的套路走，总是走在别人后面的创业者，很难取得成功。

（2）巧占市场盲点。

经济愈发达，社会愈进步，人们的需求就愈细化，因此，创业者应该独辟蹊径，致力于经营人无我有的商品和服务，巧占市场盲点。

（3）眼明手快抢占先机。

经营环境瞬息万变，市场行情经常此一时彼一时。因此要时刻保持清醒，及时对市场变化作出灵敏快捷的反应，抢占先机。

图片来源：摄图网

2.选择创业项目 5 大原则

（1）选择国家政策鼓励和支持、并有发展前景的行业。

想创业，首先必须要知道哪些行业是国家政策鼓励和支持的，哪些是允许的，哪些是限制的，等等。我们要选择国家政策鼓励和支持，并有发展前景的行业，这样实施起来会比较顺利，而且有时国家还会出台一些优惠政策。

（2）做好筹备工作，进行科学的市场调研。

多数创业者认为，创业是为了赚钱，什么行业赚钱，就搞什么项目，这种想法是极其错误的。创业者必须树立正确的观点，即"企业是为解决顾客的问题而存在的"。因此项目的选择必须以市场为导向，通过进行科学的市场调研，寻找最合适的项目。

（3）做自己擅长的事。

创业需要我们发挥自己的长处，去做自己最擅长的事情，在选择创业项目时，一定要考虑自身的情况，千万不可人云亦云，盲目跟风，要充分发挥自己的优势，只有这样创业才有可能取得成功。

（4）量力而行，从小事做起。

创业是一种有风险的投资，尤其对于初创业者而言，应该尽量避免风险大的项目，遵循量力而行的原则，从小项目做起，先赚小钱，再赚大钱，一步一个脚印。

（5）要坚持创新。

创新也是创业成功的关键。管理大师汤姆·彼得斯认为"商业世界变化无常，持续创新才是唯一的生存策略"。在选择项目上，要做到"人无我有，人有我新，人新我优"。只有这样，创业之路才会走得更远。

3.选择创业项目的5条标准

（1）挑选自己感兴趣的。

兴趣是最好的老师，创业者只有对某项事物感兴趣，才会更容易做好，并且会事半功倍。因此，正在艰难选择项目的创业者们，最好选择自己感兴趣的行业和项目。

（2）挑选不违法的。

创业项目要选择国家允许准入的行业和领域。有些行业是有资质限制准入的，如大型的建筑安装工程、矿山的开采等。自己所选择的项目及经营要符合法律的规定，否则创业也是要失败的。

（3）挑选现有条件能够赚钱的。

创业的途径有很多，赚钱的门路更是不少。但是，并不是所有的创业项目都能够挣钱。所以，作为一名创业者，在选择创业项目时，一定要看准，根据自己的条件选择最赚钱的项目，这样才能达到专心致志，确保创业成功。

（4）挑选具有可行性的。

项目本身是否可行是创业成败的关键所在。如果一个项目非常好，但是在实际操作中如果不可行的话，那么即使你付出再大的努力最终可能还是要失败的。所以，在选择创业项目的时候一定要进行调查分析，对项目的可行性进行预估。

（5）挑存在广阔市场的。

一个项目如果具备了以上几个关键条件，但是如果生产出来的产品没有市场，这样的项目也不是好项目。通常情况下，一个项目的产品没有市场的原因是：产品的质次价高；产品的安全性能不达标；产品的质量不符合标准。所以，创业者们在选择创业项目时，切记要选择物美价廉、安全可靠、产品质量达标的项目。

找最适合自己的而不是最赚钱的

创业是一门大学问，看似热门赚钱的行业未必人人都可以做得来，创业项目本身并没有好坏之分，关键就在于适不适合。以股票市场为例，如果你是一个资深股票投资者，你应该知道，在股票市场上，除非出现一些比较大的意外情况，股票的交易屏上每天都有飘红的股票，甚至涨幅在 5% 以上的股票几乎在每个交易日都有。面对如此"令人欣喜"的场景，有个初涉股市的青年说："挣钱比捡钱还要容易。"其实，真正了解股市的老股民都清楚，在股票市场上赚钱的永远都是少数真正懂股票投资的人。国外有位投资理论家说过，在股票市场上，10%的人在赚钱，20%左右的人能打个平手，到最后能全身而退，而 70% 的人都在赔钱。所以，即使是股市上的老手，也有可能赔得一塌糊涂，更何况初涉股票市场的新手呢？

股票市场如此，创业其实也是如此。经商创业需要发挥自己的优点，需要扬己之长避己之短。选择创业项目时，一定要仔细斟酌自身的优劣势所在，切忌看到某个项目最赚钱，就头脑发热扎进自己不擅长的领域而不能自拔。如果对餐饮业比较擅长，就踏踏实实地做餐饮业，而不要去经营汽车配件；熟悉建材业，那就将建材业作为主要发展目标，而不要看到眼下经营化妆品的生意很赚钱就去经营化妆品。在进行创业设想的阶

创办你的企业

段搞清了这一点，对创业者以后的创业会大有好处。

总之，作为一名创业者，你需要一心一意、全心全意地去做你熟悉、你懂行的行业，千万不要人云亦云，盲目跟风，不要好高骛远，也不要打一枪换一个地方。如果能做到这一点，你创业就很可能会赚到钱。否则，只有站着观看的份儿，弄不好"海"没有下成，反而喝了一肚子"海水"。

实践中，要想寻找到适合自己的创业项目就得靠创业者自己。因为，良好的创业项目，不是到街上走一趟回来就能够发现的，而是要经过长期的考察，加上系统的分析才能够发现的。在寻找适合自己的创业项目时，切记关注以下几点：

1. 搞清楚你面临的市场是什么

寻找适合自己的创业项目，首先需要搞清楚你面临的市场是什么？然后就是你所做的项目在市场中的价值链的哪一端？只有提前确定好自己的市场位置，才能比较出是谁在和你竞争，你的机遇在哪里。

2. 对市场做出精确的分析

确定好你的市场位置之后，接下来你就要开始分析该市场了。你首先应该分析这个市场的环境因素是什么？哪些因素是抑制的，哪些因素是驱动的。此外还要找出哪些因素是长期的？哪些因素是短期的？如果这个抑制因素是长期的，那就要考虑这个市场还要不要做？还要考虑这个抑制因素是强还是弱？只有经过对市场的正确分析，你才能进一步做出更好的选择。

3. 找出市场的需求点

经过一番细致的对市场的分析，你就很容易找出该市场的需求点在哪里，然后对该需求点进行分析、定位，对客户进行分类，了解每一类客户的增长趋势。如中国的房屋消费市场增长很快，但有些房屋消费市场却增长很慢。这就要对哪段价位的房屋市场增长快，哪段价位的房屋市场增长慢做出分析，哪个阶层的人是在买这一价位的，它的驱动因素在哪里？要在需求分析中把它弄清楚，要了解客户的关键购买因素。

4. 及时了解市场的供应情况

在了解了市场需求后，应该及时地了解市场的供应情况，即多少人在为这一市场提供服务？在这些服务提供者中，有哪些是你的合作伙伴，有哪些是你的竞争对手？不仅如此，作为一名创业者，你还要结合对市场需求的分析，找出供应伙伴在供应市场中的优劣势。

5. 寻找如何在市场份额中挖到商机的方法

作为一名创业者，在了解了市场需求和供应后，所应该做的下一步是研究如何去覆盖市场中的每一块，如何从市场份额中挖到商机。对市场空间进行分析的最大好处是，在关键购买因素增长极快的情况下，供应商却不能满足其需求。而新的创业模式正好能补充它，填补这一空白，这也就是创业机会。这一点对创业公司和大公司是同样适用的，对一些大公司的成功的退出也是适用的。对新创公司来讲，这一点就是要集中火力攻克的一点，这也是能吸引风险投资商的一点。

作为一名创业者，若想在市场上获得成功，不但应该知道市场中需要什么，还要了解关键购买因素是什么，以及市场竞争中的优劣势，只有这样你才能找出新创公司竞争需要具备的优势是什么，并可以根据要做成这一优势所需条件来设计商业模式。

总的来说，创业者应该找准适合自己的行业项目，千万不可人云亦云，盲目跟风，否则面临的可能就是创业失败。

标新立异，永远不做大多数

关于经商，日本企业界曾提出这样一句口号："做别人不做的事"。这个观点道出了创业的诀窍所在，那就是：标新立异，永远不做大多数。

旧报纸在常人眼中没有什么价值，而法国人贝利却用自己独特的想法改变了旧报纸的命运。在贝利看来，每个人对自己的生日都很敏感，希望收到特别的礼物，而鲜花、蛋糕等传统礼物，由于其短暂性和普遍性，无法很好地体现生日的特殊性。于是，他创立了一家"历史报纸档案公司"，把旧报纸当成礼品，出售给生日日期与报纸出版日期相同者。从表面上看，贝利卖的只是一个"日子"，却抓住人们追求个性化的心理，同时也抓住了独特的商机。如今，贝利每年可卖出25万份旧报纸。

当今时代是个充满竞争与挑战的时代，几乎所有的创业者们都感觉到创业的艰难。但凡事都有两面，对有些人来说，却是生意越难做，就越有钱赚，因为他们总能棋高一着，靠自己独具匠心的产品和服务吸引顾客的眼球。

"仁者乐山，智者乐水"，登高山如履平地，没有大智慧、大勇气是做不到的。而登山训练出来的大智慧、大勇气使登山者突破了心理障碍，站在了生命的顶峰。"山登绝顶我为峰"，这就是他们的个人品牌主张。

汤姆·克鲁斯演一部电影可获得2000万美元的报酬，因为他有明星效应。畅销书、流行音乐……都依赖明星因素，他们太独特了，不能被复制。

在房地产行业，最重要的3个要素是：地段！地段！地段！在建立个人品牌时，最重要的3个要素是：与众不同！与众不同！与众不同！所以，建立完美个人品牌的第一个要点就是：另类！

有句老话叫作："夫唯大雅，卓尔不群。"什么意思呢？其实就是在告诫我们，无论是做人还是做事，都不应该做大多数。

在许多人的眼里，成功者往往是上帝的宠儿，被赋予了许许多多的成功机遇。然而，殊不知，成功者并非如人想象得是天赐良福，他们的成功大多源自于他们身上总会在不经意间所透露出来的某种另类和禅机。面对事业，他们总是在以一种独辟蹊径的方式，演绎着独一无二的传奇。

所谓标新立异，不做大多数，就是要凭着你自己对社会的理解和看法去解读世界、塑造生命。这是一种成功的捷径，也许会在你猝不及防的时候给你以惊喜，帮助你成就别样的人生，活出独特的自己。

标新立异，不做大多数，是创业者成功的前提。因为，在看似特立独行的行为轨迹中，我们生命的潜力会得到最大限度的挖掘，而只有我们生命的潜力得到最大限度的挖掘，我们才能拥有更多获得成功的机会。

记得有这样一句俗语讲得非常形象化，叫作："蟹子过河随大流。"不过仔细想来，在生活中，我们是否也曾做过这样过河随大流的蟹子？是否也常常做事缺乏独创性，或是安于现状、无所作为。如果是这样，那么就要多一些敢于尝试的勇气，标新立异，不跟大多数人一样随波逐流，这样就有机会实现卓越的自我、书写精彩的创业传奇。

在自己熟悉的行业中发展

对创业者来说，可做的项目有很多，但是，真正适合自己的不一定有很多，更何况，由于知识和时间、经历有限，况且又没有太多的时间和条件去学习和实践。基于这个因素，即使我们的活动领域再怎么变动，还是脱离不了原有工作的窠臼。譬如从事销售业的，变来变去还是在销售业里兜转，搞财务的，搞来搞去还是搞财务，所不同的只是从这个圈圈跳到那个圈圈而已。所以，从这个意义上来说，创业者要想脱离打工生涯，走上个人创业之路，应该先从自己原先工作的也就是自己熟悉的行业范围内寻求发展。

　　初次创业，若选择以前一点认识都没有的行业，或许风险性是大了一点，所以最好还是先从自己能力范围内的行业去发展较为妥当。三五年内能够成功的事业，都值得大家去尝试。但是，大部分的事业在开始时，都是很艰苦的。以开餐馆来说，起先靠的都是亲友的捧场，但如果没有更进一步的改善，不多久，可能就要闲得没事捉苍蝇。因此无论从事任何事业，都要像水泥匠一样，把砖头一块一块地砌起来，如此才会成功。

　　另外，一定要选择自己感兴趣的项目来做。如果对目前的领域不感兴趣，那么不妨尽早脱离那个领域去追求自己的理想，或者是对于某项事业很有兴趣，也不妨进入类似这种事业的领域去工作，等待时机成熟后，再做自己创业的打算。

　　总的来说，对于一名创业者，寻找合适的创业机会，一般应该先从自己熟悉的行业着手。想要创立事业，须缜密地做个计划，估测未来的发展前景，看看是否在自己能力范围所及，这样才有成功的希望。

　　一位成功人士曾这么说过："你一定要做自己喜欢做的事情，才会有所成就。"这句话对创业者们来说可能会有一定的启发性。创业者在创业初期要选择自己熟悉又精通的行业。初期可以小本经营或与股东合作，按照创业计划逐步拓展。企业的发展，"稳健"永远比"成长"重要，刚开始要有马拉松式的耐力及准备，按部就班，不可存有短期化的投机心理。这个时候，企业应先求生存再求发展，打好根基，不可好高骛远。贪图业绩，不屑风险，必然不会经营长久。重视经营，步步为营，打好根基，再求创造利润，进而扩大经营，才是创业发展的长计。

　　因为行业选择是一项艰难而必须慎重的过程，一旦开始创业投入就是开弓没有回头箭，所以在选择行业时一定要慎之又慎，千万不可执意跟风或追涨杀跌。最好是下点工夫，结合自身的实际情况，眼光放得远一点，这样可能成功的把握就大一些，生命周期长一些。

第三节

谨慎创业，规避风险

创业中面临的8类风险

创业有风险，而且风险很大！因为经济复苏期悄无声息地来临，许多人绝处逢生——谋划着要创业，在这里提醒创业者创业时需要时刻防范风险。

对于每一个创业者来说，都需要认真分析自己创业过程中可能会遇到哪些风险，这些风险中哪些是可以控制的，哪些是不可控制的，哪些是需要极力避免的，哪些是致命的或不可管理的。一旦这些风险出现，应该如何应对和化解。特别需要注意的是，一定要明白最大的风险是什么，最大的损失可能有多少，自己是否有能力承担并渡过难关。

通常来说，创业中的风险主要包括以下8个方面：

1.创业者自身能力不够

创业者和普通员工有很大的区别，需要承担的东西比普通员工多很多。而且创业者的能力也是一天天在实践中积累起来的，所以创业初期，创业者一定要学习如何做老板，因为创业者没有做过老板，缺乏老板能力，所以要学习如何做老板，其实很多创业者在创业初期，缺乏老板能力还喜欢以自己是老板而骄傲，这样会给员工以及企业带来很多害处。

2. 错误意识

意识上的风险是创业团队最内在的风险。这种风险来自于无形，却有强大的毁灭力。风险性较大的错误意识有：投机的心态、侥幸心理、试试看的心态、过分依赖他人、回本的心理等。

3. 资金链断裂

创业者在创办企业时，最容易碰到的风险就是资金的缺乏问题。现实中，有许多企业在创业初期经营顺利，发展态势良好，但因为资金链出现问题，而入不敷出，最后以创业失败而告终。所以，创业者要注意规避这一风险，做好资金筹集和规划工作。

4. 缺乏核心竞争力

对于企业尤其是新创企业来说，是否具有自己的核心竞争力就是最主要的风险。因为一个依赖别人的产品或市场来打天下的企业是永远不会成长为优秀企业的。核心竞争力在创业之初可能不是最重要的问题，但要谋求长远的发展，就是最不可忽视的问题。

5. 人力资源流失

一些研发、生产或经营性企业需要面向市场，大量的高素质专业人才或业务队伍是这类企业成长的重要基础。防止专业人才及业务骨干流失应当是创业者时刻注意的问题，在那些依靠某种技术或专利创业的企业中，拥有或掌握这一关键技术的业务骨干的流失是创业失败的最主要风险源。

6. 缺乏老板的状态

普通的员工做事是在常态下做事，而老板做事是在爆发状态下做事，老板做事一般都有饱满激情。所以，有很多人一旦进入创业的时候，会很不适应，因为创业时期需要以一种充满激情的状态做事，于是很多创业者走进创业期总在爆发状态和常态之间徘徊，心想："我怎么能这样工作？我天天这样没黑没白的图啥？"心态调整不过来，一旦适应了创业状态，再回到常态也很困难。老板之所以天天奔波做事则是习惯，习惯成自然，老板认为就应该这样做事，遇到事情立即行动，不这样会认为是在拖拉，心里难受。所以渡过创业期的创业者看员工干活总认为效率低。其实，大可不必，如果有员工像老板这样干活，很有可能也是老板——未来的老板。所以，创业者要逐渐学会爆发状态，像老板那样做事，而且尽快调整心态，从心理上适应创业的状态，否则，有可能因为状态调整不好而使创业失败。

7. 团队分歧的风险

现代企业越来越重视团队的力量。创业企业在诞生或成长过程中最主要的力量来源一般都是创业团队，一个优秀的创业

创办你的企业

团队能使创业企业迅速地发展起来。但与此同时，风险也就蕴涵在其中，团队的力量越大，产生的风险也就越大。一旦创业团队的核心成员在某些问题上产生分歧不能达到统一时，极有可能会对企业造成强烈的冲击。

8.同行的排挤

由于新创企业处于萌芽阶段，所以在初期很可能受到同行的排挤，例如大企业会采取降价的方式。对于大企业来说，由于规模效益或实力雄厚，短时间的降价并不会对它造成致命的伤害，而对初创企业则可能意味着彻底毁灭的危险。因此，在创业的过程中，创业者要处理好与同行的竞争关系。

选项目时规避风险的 8 大兵法

创业是否成功最重要的是项目的选择，产品与消费群体，以及经营管理。项目的选择要针对所在地域的消费人群，他们的消费观念和消费水平。还要注意的是：由于在项目的选择上会时刻面临着很多潜在的风险，所以，创业者要善于规避这些风险。

而在风险的规避上，成功创业者曾留下许多先进的"兵法"供后来的创业者借鉴：

1.同别人联手

小本投资由于规模小实力弱，不可能四面出击，收到规模效益。通过几家小投资者联手，集中优势攻入目标市场，力争哪怕是在一个小小的领域里形成相对优势，创出自己的特色，从而使势力得到发展壮大。

当然，这种联合应当做到以下几点：

（1）集中优势，每个合作者都将自己的优势贡献出来，形成一个统一的核心优势。

（2）相互信任，坦诚相待，效益共享，风险共担。

（3）不必长期联合，有机会则聚，任务完成则散，协作对象不固定，通过合作获利来壮大各自的实力。

2.采取补缺填空策略

小本投资者由于势单力薄，经不起市场竞争的大风大浪。

图片来源：摄图网

创办你的企业

因此，在选择投资项目时就应审时度势，既不要向市场强大的对手挑战，也不要白费精力紧随其后。要选择别人不愿意干或尚未顾及的那部分市场，采取补缺填空策略。这样既可以开发属于自己有利可图的"角落"市场，同时又最大限度地避免与强手直接较量。但是，必须做好3方面的工作：

（1）要善于把握市场和紧跟市场。

（2）要善于在市场上捕捉商机。

（3）要善于创造新市场，背靠"大树"好乘凉，小本投资者选择依附大企业，走"寄生型"发展之路，也不失为一条回避风险的良策。

3.不能借贷太多

普通大众大多是小本投资，由于经济相对比较拮据，又希望手中这点钱赚钱，在投资过程中，只能赢，不能输，因此，开始投资时，要根据自身的情况量力而行，不能借贷太多。因为大量借贷风险大，创业的心理压力大，极不利于经营者能力的正常发挥。

4.实行多角化经营

所谓多角化经营，是指企业的经营范围打破产品和行业界限，向多品种和多种经营发展。在市场竞争中，无论何种企业，如果将生产的产品或经营领域限制在某一方面，势必给企业经营带来极大的风险，而多角化经营能充分利用现有设备、人力、厂房，有利于发挥企业潜力，使企业真正走以内涵发展为主的道路；另外，它还使企业在市场发生变化时，可以随机应变，分散企业风险。

5. 学一门专门技术

交一些学费，学一门专业技术，也不失为一种稳当的投资方式。21 世纪是知识经济时代，要想跟上时代步伐，就必须重视智力投资，结合自身情况学好一门手艺，就不愁找不到赚钱的路子。

6. 学会钻空子、找冷门

在创业初期，很多人由于不熟悉市场，往往是跟着感觉走，也不考虑自身情况，看到别人做什么生意赚了钱，盲目仿效跟风。这样，往往因为市场供过于求或不适合做这项经营，结果血本无归。因此，在投资时要学会钻空子、找冷门，做到"人无我有"。

7. 先从小生意做起

有的创业者刚投资创业时，由于心中没底，见别人开公司办企业大把大把赚钱，心就痒痒，总想一口吃个大胖子，到头来很有可能吃大亏。因此，对于手中没较多资金又无经营经验的创业者，不妨先从小生意做起。小买卖虽然发展慢，但用不着为亏本担惊受怕，还能积累做生意的经验，为下一步做大生意打下基础。以较少的资本搞小生意，先了解市场，等待时机成熟，再大量投入干大生意，是很多小本创业者的经验之谈。

8.实地调查，不轻信广告

现在，一些吹嘘"投资少，见效快、回报高"等能一夜暴富的广告铺天盖地。其实，投资的利润率一般处于一个上下波动但相对稳定的水平。投资项目的利润有高低，但不会高得离谱。因此，创业者在选择项目时，最好不要轻信这类广告，而要做好实地调查工作。

创业者要想创业成功，选好项目是至关重要的环节，切记学会以上"兵法"，规避风险。

降低选项目风险的6条建议

当今时代，创业者的人数一直处于上涨的趋势，但与此"相呼应"的是，创业失败的人数也在不断地上涨。其中，创业失败很大的一个原因就是创业者在项目的选择上没有合理地规避风险，降低项目风险。

那么，为了使创业成功的概率增大，创业者在选择项目时该如何降低风险、保障成功创业呢？以下6条建议创业者不妨借鉴一下：

1.走一条"特立独行"的路

创业者选项目的时候，一定要有一双敏锐的眼睛，看到别人看不到的市场。那么，我们在选择创业项目时，要如何才能做到眼光独到，与众不同呢？

第一，要充分做好市场调研和前期准备，调研的时候要注意这个项目在国际上的发展，是朝阳产业还是夕阳产业，市场空缺是否有比较好的上升空间。

第二，要把握市场脉搏，随时进行调整。你要学会针对市场进行随机应变，我们都知道电视广告成本很高，但是有时候广告又是必不可少的，那你就要想办法，既能做广告，又可以节省成本。于是在游戏中植入广告这种方式就应运而生了。任何一件事情只要是你做事的方法与别人不同，你可能就容易走向成功。

第三，要宏观上选定两个比较热的方向，现在比较热的两个方向一个是IT业，包括在网上开一些商店来进行交流和营销，还有一个是服务业。年轻人一般都很熟悉网络，这也是初次创业时比较有优势的地方，可以充分发挥网络的优势，使创业者所从事的生意更有竞争力。比如，可以在网上开一家个性化的店铺，利用年轻人追求个性、时尚的心理来做买卖，或者利用网络远程、即时的便利性，为客户提供专业咨询与服务。

2.求实

在选择项目和合作对象上，一定要求实，产品好吃是真的，产品好卖更错不了，项目能赚钱才是硬道理。不要被公司玩弄项目包装所蒙骗，好产品必须靠真技术生产出来，产品必须靠本身的品质打市场，市场才决定着产品的根本命运。

3. 降低价格，薄利多销

俗话说得好："三分毛利吃饱饭，七分毛利饿死人。"利润微薄，价格降低，在竞争中以优势招引顾客，实现"薄利——多销——赚钱"的目标。尤其是对那些小本创业者，资本相当有限，最怕造成商品积压，资金周转不了，成为死钱，包袱越背越重，影响下一步的经营，形成恶性循环。

4. 量力而行，适合自己

选择适合自己的经营项目，与创业者的性格有关系。假若创业者极富热情，活力四射，可考虑自助火锅店，传统小吃店、便当外送等餐饮服务业。

如果创业者是个时时刻刻为别人着想的人，宠物店和鲜花店是不二选择。

我们知道即使同一个品种的店，也可能风格迥异，拿服装店来举例：

若创业者浑身充满创造力，内心热情如火，外表光芒万丈，可考虑经营时尚先锋店，创造流行趋势，做个时尚先驱。

若创业者酷好精致有品位的物品，二手精品店、精品服饰店、品牌专营是一个很好的选择。

若创业者极度敏感，有爱家、恋家情结，童装店是个好的选择。

若创业者常常跟着感觉走，时时设身处地地为人着想，外贸服装，平价服装店会是一个好的选择。

5. 不要时刻想着赚大钱

赚大钱是许多创业者的梦想，但大多数创业者终其一生却难以梦想成真。这是什么原因呢？是因为他们赚钱心太急切，小钱不想赚，大钱挣不来。曾有位成功的创业者说过："小钱是大钱的祖宗。"生活中不少腰缠万贯的创业者当初就是靠赚不起眼儿的小钱白手起家的。

6. 哪儿"空"往哪走

选择项目的时候，我们都知道越空白的市场越有发展潜力。做一个时尚小店就是一个很好的选择，可是现在的时尚小店如此之多，你要找到那种比较有品位的却不容易。

创业者可以选择投资一个比较新颖的项目做加盟店。加盟是因为比较容易操作，要求一定新颖独特，是因为这样才能吸引顾客的眼球。可以考虑搞个特色蜡烛 DIY 小店，DIY 就是顾客自己手工制作的意思，年轻人会很喜欢。选个好项目是赚钱的关键，所以选项目一定要重视市场空缺。

色彩形象咨询顾问公司是一个前途十分被看好的行业。这个个人色彩形象顾问要做的事情很多：就顾客的肤色建议他们使用什么色系的化妆，梳什么样的头发及其他色彩的搭配。整理顾客的衣服，把不适合的剔除，达到出色的搭配。替顾客买适合他们穿着的新衣。纠正顾客不适宜的肢体语言及神态等，指导顾客演讲的技巧等等。

有些企业公司甚至以此来为与其企业形象有关的工作人员改善个人形象。一般而言，这个行业光靠形象咨询是不够的，如附带经营服装店，兼售与个人形象有密切关系的化妆品、围巾、书籍等，替厂商销售美容产品通常可得到 10%～15% 的佣金。

创业者不得不警惕的 12 种"死法"

在创业的潮流中，有人成功，有人失败；有的企业一笑笑百年，有的企业中途即"夭折"……在激烈的市场竞争中，数以万计的创业者很快便被淘汰出局，消失得无影无踪。沧海横流，大浪淘沙，对于创业企业的"死"，我们早已是见怪不怪了。尽管有不少人在研究创业企业的成功之后再掉过头来研究其失败，但很少有人做系统分析并以深入浅出的方式研究它们是怎样"死"去的。倘若细细地品尝、总结其中的滋味，相信会给后来的创业者不少有益的启示。

1. 竞争关系处理不当

既然是商业，必然会牵涉到各种利益的纷争，难免产生各种磕磕碰碰的关系，这时候如果创业者的心胸狭小，不能大事化小，小事化了，而采取偏激的方式处理，往往会给自己的企业带来很大的困扰，如法律纠纷等。

2. 不能随着市场的变化而变化

有不少企业，由于创业者的素质不高，目光短浅，缺乏远大目标和长远的眼光，不能随着市场的变化而及时调整产业结构，人才结构，那么这种企业的寿命肯定是不长的。但它有一个特点，它是慢慢消亡的，它的年龄虽然不大，但已经开始衰老了，这就称之为"老死"。

3. 生"病"而死

企业就如同人一样，如不能精心照料，任凭其风吹雨打，则少不了要得病。生病后又得不到有效的救治，很快会病入膏肓。故曰：创业企业的这种死法是生病而死。这类企业要么是先天不足，内部机制不健全；要么是机制老化，按部就班，诸如论资排辈、荣辱"难"共、毁誉相争，权益不公；要么是高层分裂，内讧不止，结果轻而易举地被对手各个击破。

4. "自己找死"

当一个创业者对项目的决策犯了一些常识性的错误时，这叫作自己找死。比如说，创业者所选的项目与人才结构不匹配，与自己的实力不匹配，与自身的能力不匹配，与自己的文化不匹配，特别是再犯一些已经犯过的错误，犯一些不该犯的常识性的错误。没有人要你这么做，也没有谁命令你一定要干这个项目，你自己不仅对项目判断不了，对自己也判断不了，以为自己什么都能做，等等。某著名企业，在一个自己熟悉的行业刚刚有所进展，人才结构没有形成的情况下，匆匆忙忙冲入保健品市场，并在市场虚假信号的误导下，被一时的胜利冲昏了头脑，又投重资直入房地产业，使资金需求迅速放大了几倍，远远超过了自身的能力，结果原有的阵地丢了，保健品也垮了，房地产也只好留下一个个的大坑。

5. 不重视员工利益

员工的利益概括起来主要包括两方面：

（1）能力培养。很多创业者只把员工当作企业赚钱的"工具"，却从未想过如何帮助员工一起成长，甚至把员工的能力增长当作是对自己企业生存的威胁。

（2）经济保障。有的创业者因为整体经营效益不佳而克扣优秀员工的绩效奖金，有的创业者以这个员工还存在这样那样的缺点和不足而不给予正常加薪，有的创业者要求员工必须做出完美的表现才给予奖励，甚至有的创业者连正常的薪资发放日期都要故意拖延十天半月……创业者不要以为这些现象员工都会看不见，都能忍受，当创业者不重视员工利益的时候，员工用"消极怠工、做私单"等损害企业利益的行为来"回报"，创业者也就不奇怪了。

6. 被"挤死"

市场经济讲的是优胜劣汰，在激烈的市场竞争中，往往是前有封堵，后有追兵，企业不堪挤压，市场份额越做越小，人才越走越少，效益越来越差。由于力量对比的悬殊，在国有资本和外国资本的双重挤压下，迫使创业者不得不退出某个行业，被"挤死"了。

7. 难死

企业运营所需要的资金和经验远远超越单纯的开发，很多创业企业不具备运营条件，产品难以及时有效地推向市场，或者找到的代理商实力有限，投入资源不足，造成运营失败，几年的研发努力付诸流水。

8. 被压死

在创业初期，很多创业者盲目地扩张，贪多求大，不注重基础建设，不练内功，内部管理混乱，虽自知效益低下，却敢去大笔贷款，甚至不怕高息贷款，宣称利润等于贷款减掉利息。自己找来巨额负债，结果被压得喘不过气来，殊不知贷款终归是要连本带利归还的，最后，创业者就被自己找来的巨额负债活活压死。到头来落了个损人又损己的下场，因此被称为"被压死"。

9. 被人捅死

这是由于创业企业管理不规范，处处违法，毛病诸多，授人以柄。一旦东窗事发，要么委曲求全，息事宁人；要么被人到处告状，结果三告两告就被告垮台了。这样的创业者即使再有远大目标,由于自身的不规范,也只能是"壮志未酬身先死"。

10.憋死

现金流是现代企业经营理念中非常重要的一个指标。现金流从某种意义上说比利润更重要。在国外,尤其是资本市场,对现金流是格外重视的。而国内有相当一部分创业企业往往忽视这一点,故而因为现金流中断,使企业在对外经营比较正常的情况下,内部财务却难以为继,俗话说一分钱难倒英雄汉,讲的就是这个道理。

在企业经营过程中,很多创业者可能注重资产质量,也可能注重存货,也可能注重其他很多方面,但往往忽视现金流,就像下围棋一样,围棋是有两口气活,一口气死,现金流状况的好坏是企业能否持续发展的另一口气,虽然你还有资产,还有库存,一旦现金流中断,到头来你还得宣布破产。这叫作企业被活活"憋死"。

11.过于关注短期利益,忽视长期发展规划

并非说创业者不要追求短期利益,因为企业要健康成长,"碗里的、锅里的、田里的"都要有。"碗里的"(短期利益)是保障我们现在活着,"锅里的"(中期利益)是保障我们明天活着,而"田里的"(长远利益)则是保障我们后天还能继续活着。但绝大部分创业者都只关心"碗里的",至多关心一下"锅里的",而"田里的"的却任它贫瘠荒芜,这里面既有

精力、资源等客观因素，但更多是因为创业者眼光短视。比较典型的就是明明知道某一项工作对于企业未来发展非常重要，但就是因为眼前业务的诱惑或短期经营的压力而把看起来"重要但不紧急"的事情一拖再拖，直到这件事火烧眉毛，变得"重要紧急"时已经来不及了。这也是很多创业者在企业经营上小富即安、缺乏长远战略规划的直接体现。

12. 资源高度集中

由于企业过分依赖个人能力，可供使用的资源往往又高度集中，一旦个人的判断力出现偏差，或是个人出了意外，必然使企业高度不灵，遭受重创，结果导致企业突然死亡。这也就是通常说的把所有的鸡蛋放在一个篮子里带来的后果。一个优秀的创业者，不论是从投资风险的角度考虑，还是从对员工负责的角度考虑，都不应该使资源高度集中。

第五章

设计持续赢利的商业模式：挖掘成功创业的利润种子

第一节
商业模式的核心原则

实现客户价值原则

凡是成功的企业都必有独具特色的商业模式，不同的商业模式决定了企业不同的赢利模式。从生存和发展的角度来看，任何一个企业只有不断赢利，才能拓展自己的生存空间。而赢利的基础就是建立合适的商业模式。合适的商业模式是企业安身立命、健康成长的根本。要想让自己的企业成为常青树，就必须注重商业模式，并且保证在发展的每一个阶段，都有最适合的商业模式。

诚如彼得·德鲁克预言的那样，客户是唯一的效益中心。一个成功的商业模式往往与客户价值最大化的实现有很大关联。如果一个商业模式不能满足客户的价值，即使赢利也一定是暂时的、不能长久的，是不具有持续性的。

但是，一个可以实现客户价值最大化的商业模式，即使暂时不赢利，但终究也会走向赢利。所以很多企业都把对客户价值的实现再实现、满足再满足，当作企业始终追求的主观目标。

客户经济时代的到来，昭示着很多企业的公司战略将发生一场翻天覆地的变化。在市场经济正向着客户经济时代演进的今天，很多公司也正在倾全力推进客户价值创新战略。而创业的新兴企业最需要坚持的观念就是，怎样去实现客户价值的最大化，而不是像传统理念一样追求企业经营利润的最大化。只要坚持客户价值最大化了，企业的利润自然就包含其中。因此，创业人员必须明白，客户价值最大化是主产品，企业利润最大化是副产品。

拥有长期忠诚的客户以及由此整合的客户资本是一个企业特别是服务性企业生存发展的重要基础。企业的任何经营决策都必须将满足用户需求、培养客户忠诚度放在重要位置。现在的企业面临着公司战略从以"销售"为中心到以"客户"为中心的客户价值过渡。企业的价值创新是指以客户价值主张为主导，在企业与客户的互动中，由企业实现的价值创新，不是离开客户价值主张，离开企业与客户互动而由企业闭门造车式的价值创新。

通过增值服务、创造需求的方式也是实现客户价值最大化的一个途径。企业可以不断提供增值服务方案，让客户更准确地掌控企业的服务信息，及时响应瞬息万变的市场动态，不断完善客户服务。举例来说，如果一个电影院的管理层很清晰地明晓他们的客户的组成状况以及他们的需求，他就会根据不同影片的目标客户，决定在什么时间播放什么片源、怎样布置大厅、应该增加哪些附加服务、放映前播放什么样的广告、票价如何浮动等。更进一步，如果管理者了解影院卖饮料和爆米花的收入超过了卖电影票的收入，他们就会想办法营造一种在电影院里便于消费饮料和爆米花的环境，同时增加观众流量来多销售爆米花和饮料，而不是把眼光只放在卖票的收入上。更深一步考虑，如果放映爱情片，可以采购些关于爱情的纪念品用以销售，如果放映《羊羊运动会》之类的动画片，就可以考虑采购一些与《羊羊运动会》等相关的玩具来销售，等等。

企业还可以通过提供个性服务和专业服务的方式来实现客户价值的最大化。比如，戴尔公司"以客户为中心"的直销模式。戴尔公司采取量身定制的方式，按照客户的需求配置电脑，去除零售商的利润，以更好的服务、更有效率的方式直接将产品送到客户手中，并且把零售商的利润省下来返还给客户。"量身定做"还实现了零库存、高周转，订单制的直销模式使戴尔胜出，真正发挥了生产力的优势，也为客户提供了最富于价值的技术解决方案。为此，戴尔每周花一天的时间与顾客接触，包括走访芝加哥等城市和出席高级经理人员的销售报告会。与顾客接触不仅促进了企业业务的发展，同时也获取了信息，贴近了用户。

客户价值主张，就是创造客户价值，为客户解决难题。实现客户价值最大化要明确：客户在哪里，谁是客户，客户需求，客户需求变化以及如何满足客户。也就是说，如果一个企业始终把客户放在心上，始终考虑如何为客户提供便利，这样才能在为客户实现价值的同时，企业的利益才有真正的保障，这是双赢。

持续赢利原则

一个企业的成功不能仅仅看它现在的利润，更需要看它未来的发展前景。因为企业的竞争不仅仅看今天谁赚得钱多，而是看哪一家企业有持续赚钱的能力。如果企业暂时赚钱了，却不去提升自己的竞争力，不投资未来的竞争领域，那么以后这家企业的钱是越来越难赚。所以未来的企业竞争不是比资本，而是比企业的赚钱能力，如果企业没有持续赚钱的能力，那么今天企业的固定资产根本就支撑不了多久。

持续赢利指企业既要能赢得利润，又要有发展后劲，赢利具有可持续性、长久性，而不是一时的偶然行为。能够持续赢利是判断企业商业模式成功的最基本要求，也是唯一的外在标准。因此，初创企业在设计商业模式时，能持续赢利和如何赢利也就自然成为非常重要的考虑方面。

持续赢利是对一个企业是否具有可持续发展能力的最有效的考量标准，赢利模式越隐蔽，越有出人意料的好效果。赢

图片来源：摄图网

利能否持续，要看消费者能否持续放大或维持。一旦有了庞大的消费群体，收益就有了保证，这个赢利模式也就能持续！

初创企业发展的最大瓶颈就是客户，只要把客户引到产品上来，就等于成功了一半。用免费的产品吸引客户注意，并提供用户体验，的确是别出心裁的一招。如果该产品经得起市场考验，消费者就会使用并信赖此产品，企业也因此会实现赢利。

一般来说，一个持续赢利的商业模式必须具备两个要点：第一，是所属行业的领头羊，或者做到市场份额的老大。第二，所进入的行业市场必须具备良好的扩展期和成长期。而对创业者来说，要成为行业的领头羊有 3 个地方值得思考：首先，在选择进入行业的时候，要反常规思维，也就是避免进入一个热点或焦点行业。其次，对要进入的市场和行业具备理性分析，

创办你的企业

要有市场前瞻性，看清未来两三年市场的需求在哪里，为这个市场的需求做好准备。再次，就是必须在技术、产品、销售体系、赢利模式上能够有所创新。

当然，持续赢利并不是一蹴而就的，企业赢利是一个长期积累的过程。在市场竞争初期和企业成长的不成熟阶段，企业的商业模式大多是自发的，随着市场竞争的加剧和企业不断成熟，企业开始重视对市场竞争和自身赢利模式的研究。优秀的赢利模式是丰富和细致的，并且各个部分要互相支持和促进，改变其中任何一个部分，就会变成另外一种模式。

对于创业者来说，在刚开始进入市场的时候，肯定会存在很多困难，但是不要轻易放弃，一旦转行，厂房重新建造，机器重新购买，产品重新创造，客户重新开发，创业者前期的投入就白费了。所以做企业坚持很重要，因为坚持会让你的经验越来越丰富，行业越来越熟悉，客户越来越多，能力越来越强。当企业拥有了这些资源实质上就等于创业者增加了企业的竞争实力。即使一个资金比你雄厚的企业，他在没有经营能力的前提下也是无法与你竞争的。所以企业要想持续赚钱，永远立于不败之地，就需要在自己的行业内做精、做专、做细。当你成为这个行业的专家，自然就成了市场的赢家。

成功的商业模式要做到放眼未来，而不是追求短期的利润。企业也需充分认识行业的扩展性和成长性，从实际出发，以务实为赢利模式的主基调。

合理整合资源原则

经济学研究资源的合理配置与利用，只有配置合理，才能充分发挥资源的效用。当今成功企业的战略，其根本已经不再是公司本身，甚至不再是整个行业，而是企业整个价值创造系统，即对所属行业以及相关行业资源的有效整合。

资源整合是企业战略调整的手段，也是企业经营管理的日常工作。整合就是要实现资源的优化配置，使资源得到最大化的利用，并获得整体利益的最优。对于初创企业而言，资源整合要根据企业的发展战略和市场需求，通过一系列的组织协调，把企业内外部关系有机地统一起来，实现对相关资源的重新配置，并寻求资源配置和客户需求的最佳结合点，从而凸显企业的核心竞争力，取得 1+1 ＞ 2 的效果。格兰仕集团以其有效整合资源，挖掘环节利润的产业链循环方式为自己创造和赢得了生存和发展的空间。

被誉为"价格屠夫"的格兰仕是全球市场整合和资源整合的榜样。该公司并没有拥有全球微波炉核心技术、也没能掌控全球销售网络，还遭遇过发达国家的反倾销袭击，但从 1995 年拿下中国市场产销量桂冠以来，格兰仕微波炉产销量已经"十连冠"，国内市场占有率最高达 70%，全球市场占有率达

创办你的企业

50%，把一家中国的格兰仕培养成了世界的格兰仕。

格兰仕成长为全球微波炉老大之路其实就是一条整合全球市场和全球资源之路。格兰仕通过对微波炉上、下游和自身的有效整合，将其内部系统高效率运作，保证其始终位居技术工艺、研发设计的领先地位，并同时具备为全世界消费者提供最价廉物美产品的能力；通过对微波炉世界同行资源的整合，格兰仕依靠不断地降价策略为全球微波炉企业做 OEM 赚取微薄的利润；通过对全球微波炉销售渠道资源的整合，格兰仕将采购供应系统高效协调，形成一个统一体，始终将生产成本控制在最低。

由于格兰仕不断地扩大规模、提升技术能力、加强全球资源协作，格兰仕的产品、技术、服务、利润空间得以维持在一个相对稳定和持续增长的状态，再加上全球资源的有效支持，因此取得了共赢的发展，成为中国规模企业领先全球市场、善用全球资源的楷模。格兰仕的成功，验证了"中国的格兰仕就是世界的格兰仕"的道理，也说明了与世界共舞的企业必然能赢得世界的认可。

资源整合的目的是通过组织制度安排和管理运作协调等来增强企业的竞争优势，实现企业资源的最大化利用，从而提高客户服务水平，企业获得赢利。企业资源整合一般体现在以下 5 个方面：

1.优化企业内部产业价值链

企业为了提高整个产业链的运作效率，也为了用较低的成本快速占有市场，同时满足客户日益个性化的需求，不断优化内部产业价值链，将关注点集中在产业链的一个或几个环节，还以多种方式加强与产业链中其他环节的专业性企业进行高度协同和紧密合作，从而获得专业化优势和核心竞争力，击败原有占绝对优势的寡头企业。

2.深化产业价值链上下游的协同关系

企业通过合作、投资、协同等战略手段，在开发、生产和营销等环节与产业价值链上下游企业进行密切协作，加强与这些企业的合作关系，使企业自身的产品和服务进一步融入到客户企业的价值链运行当中，从而提高企业的运作效率，进而帮助其增加产品的有效差异性，提高产业链的整体竞争能力，便于以整体化优势快速响应市场。如洛克菲勒从石油产业的下游向上游拓展产业链，实现资源的最大化利用。

3.把握产业价值链的关键环节

初创企业在发展过程中，必须明确自己的核心竞争力，紧紧抓住和发展产业价值链的高利润区，并将企业资源集中于此环节，构建集中的竞争优势，借助关键环节的竞争优势，获得对其他环节协同的主动性和资源整合的杠杆效益，使企业成为产业链的主导。如西洋集团，它就是通过控制整个产业链的所有关键环节，挖掘每个环节利润，并将其做到各自环节的专业化最强，给竞争对手设置了难以跨越的进入壁垒，同时也将整个终端产品的成本降到最低点，从而形成压倒性的竞争优势，演绎了一条产业链循环赢利模式的成功之路。

4. 强化产业价值链的薄弱环节

管理学中有个木桶原理：一个木桶由许多块木板组成，如果组成木桶的这些木板长短不一，那么这个木桶的最大容量不是取决于最长的木板，而是取决于最短的那块板。企业在关注核心领域的同时，也要强化产业价值链中的薄弱环节。

企业可通过建立战略合作伙伴关系或者由产业链主导环节的领袖企业对产业链进行系统整合等方式，主动帮助和改善制约自身价值链效率的上下游企业的运作效率，实现整个产业链的运作效率的提高，使公司的竞争优势建立在产业链整体效能释放的基础上，并同时获得相对于其他链条上的竞争对手的优势。如青岛啤酒对全国 48 家低效益啤酒厂的收购整合、蒙牛对上游奶站的收购等，都属于强化产业价值链薄弱环节的范畴。

5. 构建管理型产业价值链

企业在资源整合的时候，为了使自己始终保持竞争优势，不能仅仅满足于已取得的行业内的竞争优势和领先地位，还需要通过对以上几种产业链竞争模式的动态运用，去应对整个产业价值链上价值重心的不断转移和变化。同时还要主动承担起管理整个产业链的责任，密切关注所在行业的发展和演进，这样才能使产业链结构合理、协同效率高，引领整个行业去应对其他相关行业的竞争冲击或发展要求，以保持整个行业的竞争力，谋求产业链的利益最大化。

创业者刚刚开始创业，面临着资金不足、资源缺乏、不会经营等很多难题。可以说，任何一个创业者都不可能把创业中所涉及的问题都解决好，也不可能把一切创业资源都准备充足。创业者关键的一点就是要学会进行资源整合，因此合理整合资源的原则不仅是创业设计中的一个重要原则，也是在创业中借势发展，巧用资源，优势互补，实现双赢的重要方法。

第二节

商业模式的常见形式

赢利模式：好好琢磨到底怎么赚钱

企业商业模式的设计就是围绕着使企业形成核心竞争能力来展开的。具有独特核心竞争优势的商业模式肯定是一个能使客户价值实现、使企业赢利的商业模式，也一定是能使企业走向成功的商业模式。持续赢利是商业模式的重要原则，如何持续赢利，通过怎样的渠道和模式赢利，就需要初创企业认真研究，要好好琢磨到底怎么才能赚到钱。

赢利模式是企业在市场竞争中逐步形成的企业特有的赖以赢利的商务结构和与之相对应的业务结构。企业按照利益相关者划分的企业的收入结构、成本结构以及相应的目标利润，就是企业的赢利模式。

企业的商务结构主要包括企业外部所选择的交易对象、交易内容、交易方式、交易规模、交易渠道、交易环境、交易对手等内容及其时空结构，它反映了企业内部资源整合的对象及其目的。企业的业务结构主要指满足商务结构需要的企业内部从事的包括科研、采购、生产、储运、营销等内容及其时空结构，它直接反映了企业资源配置的效率。在商业结构和业务结构的协同配合下，可以考量企业的赢利模式。

任何企业都有自己的商务结构及其相应的业务结构，但并不是所有企业都赢利，因而并不是所有企业都有赢利模式。

免费模式：免费只是招摇的红手帕

免费模式是商业模式的表现形式之一。以免费报纸为例，其兴起打破了原有报纸的商业模式。1999年3月，英国首份免费报纸《伦敦都会报》面世，令报界一片哗然。它一上市就颇受读者欢迎，一些较晚到达地铁站的人就拿不到报纸。

随着免费报纸风潮的出现，许多传统报纸的发行量纷纷下降，有的甚至下降了30%多。可见免费报纸的市场冲击力是多么大，市场空间和发展后劲是多么足。

报纸的免费模式彻底颠覆了传统报纸的商业模式。传统报纸的收入主要依靠两方面：发行收入和广告收入。发行量又和报纸质量、报纸销售价格紧密相关。而免费报纸唯一的商业模式就是广告，所以不管是内容还是版面设计，都是要把读者导入到广告诉求上来。

从两种商业模式的比较来看，免费报纸容易突破销售瓶颈，但前提是报纸内容不能太差而且必须有足够的资金支持，否则维持下去也很艰难。免费的商业模式需要在一个成熟的市场才能成长起来，尤其在互联网时代，信息共享成为人们的共同诉求。免费的背后，是商业模式的完善和成熟。腾讯的发展过程就是一个商业模式不断完善和成熟的过程。

腾讯从一只亦步亦趋的小企鹅，现在已经发展成为一个航母级的大平台，目前已稳居国内互联网企业市值的头把交椅。目前QQ在国内外拥有注册用户过亿，且以几何速度每日递增。"QQ之父"马化腾正带领着自己的团队一步步创建起自己的"企鹅帝国"（腾讯以企鹅为商业徽标）。

1998年底，马化腾开始创业。腾讯在创立初，和其他刚开始创业的互联网公司一样，面临着资金和技术两大问题。1999年2月，腾讯开发出第一个"中国风味"的ICQ，即腾讯"QQ"，受到用户欢迎，注册人数疯长，很短时间内就增加到几万人。随着用户量的迅速增长，运营QQ所需的投入越来越多，马化腾只有四处去筹钱，借助海外的风险投资，腾讯公司终于在艰难中生存下来，也渐渐建立并完善了属于自己的商业模式。

免费的QQ只是招摇的红手帕，而QQ本身也从广告、移动QQ、QQ会员费等多种领域实现了赢利。天下没有免费的午餐，免费的背后是用户习惯和消费群的确定。随着QQ用户的不断增长，腾讯推出了各种各样的增值服务。

1. 互联网增值服务

互联网增值服务包括了 QQ 会员收费、QQ 秀、QQ 游戏等全线互联网服务。随着"QQ 幻想"和"QQ 华夏"以及"地下城与勇士""QQ 炫舞"和"穿越火线"等游戏的相继推出和完善，网游这个蛋糕给腾讯带来了不少的收益。另外还有拍拍网上的 QQ 币等虚拟商品的销售额也在火暴增长。

2. 网络广告

在门户网站阵营中，QQ.COM 流量第一，已将新浪甩在了脑后；收入第三，全面超越了网易。QQ.COM 的门户流量，已经奠定了威胁新浪等以广告收入为主的门户网站的基础，即将再次成为腾讯家族后发先至的成功典范。

3. 移动及电信增值服务

移动及通信增值服务内容具体包括：移动聊天、移动游戏、移动语音聊天、手机图片铃声下载等。当用户下载或订阅短信、彩信等产品时，通过电信运营商的平台付费，电信运营商收到费用之后再与 SP 分成结算。

以 IM 为核心依托，以 QQ 为平台，借助免费的 QQ 软件和良好的用户体验，QQ 开始以低成本地迅速扩张至互联网中几乎所有领域。2005 年，马化腾大举进军休闲游戏；接着又斥资进入大中型网游；2006 年，马化腾又进入电子商务领域，在拍卖和在线支付上亮出利刃。

如今，马化腾执掌的腾讯公司已经围绕 QQ 创立了中国最大的三家综合门户网站之一、第二大 C2C 网站、最大的网上休闲游戏网站，拥有全球用户数最多、最活跃的互联网社区，其市值在世界互联网产业内仅次于 Google 和 Amazon。

腾讯科技商业模式的特点是以 IM(即时通讯)为核心依托，以 QQ 为平台，低成本地扩张至互联网增值服务、移动及通信增值服务和网络广告。这种商业模式对应的原理是平台经济学。免费的 QQ 软件为腾讯带来的最宝贵的资产，是庞大的活跃用户群体，是互联网上的客流。拍拍网、SP、休闲游戏、网络游戏以及之后的一系列产品，是开在闹市的旺铺。有庞大的 QQ 用户做支持，腾讯的扩张之路几乎是撒豆成兵。

展望未来，一般规律是：平台免费，增值收费；产品免费，服务收费。免费只是招摇的红手帕，通过免费的形式，企业可以快速聚拢一部分客户群体，为企业的持续赢利创造机会。

但是免费需要一个成熟的市场才能成长，初创企业在设计商业模式的时候一定要明确哪些环节是利润贡献较大的？哪些环节对公司利润贡献最小，甚至是没有利润贡献的？从而有针对性地设计商业模式，用最优秀的资源去优化最关键的环节，形成企业的相对竞争优势，从而铸造独特的、富有竞争力的商业模式和赢利模式。

标准模式：琢磨规则，创造规则

商业模式中的标准模式就是在企业发展过程中琢磨规则、创造规则的过程。麦当劳为何能成为世界快餐业的路标？其品牌为何能如此深入人心？"标准化，每一个细节都坚持标准化，而且持之以恒的执行，才能保证成功！"麦当劳创始人雷·克洛克如是说。

麦当劳的连锁标准化管理是标准模式的一个楷模。

1955 年诞生的麦当劳连锁快餐机构，至今已发展成为在世界范围内拥有 3 万家分店的跨国公司。麦当劳在餐饮行业建立了属于自己的世界品牌。

麦当劳的成功缘于它的创始人创造了一种适应时代要求的商业模式，并通过制订统一和规范化的标准，使其可以迅速的复制扩张。在经济高速发展的时代，伴随着人们生活节奏的加快，用于吃饭的时间越来越短，特别是个人大量拥有汽车后，途中快速用餐的需求出现了，而在一些机场和高速公路路口设立的麦当劳快餐店满足了人们的需要。

麦当劳的成功还源于它的标准化和规范化运作。麦当劳在全世界有 3 万多家店面，在它的任何一个餐厅，柜台都是 92 厘米高；店铺内的布局也基本一致：壁柜全部离地，装有屋顶空调系统；其厨房用具全部是标准化的，如用来装袋用的 V

形薯条铲，可以大大加快薯条的装袋速度；用来煎肉的贝壳式双面煎炉可以将煎肉时间减少一半；所有薯条采用"芝加哥式"炸法，即先炸 3 分钟，临时再炸 2 分钟，从而令薯条更香更脆；在麦当劳与汉堡包一起卖出的可口可乐，据测在 4℃时味道最甜美，于是全世界麦当劳的可口可乐温度，统一规定保持在 4℃；面包厚度在 17 厘米时，入口味道最美，于是所有的面包做 17 厘米厚；面包中的气孔在 5 厘米时最佳，于是所有面包中的气孔都为 5 厘米。这就是麦当劳的经验。当然，这套标准化体系，是它用了几十年工夫建立起来的。

在麦当劳的早期发展过程中，公司也很重视品牌的构建。麦当劳的品牌内涵中包含了其产品品质、产品市场定位、品牌文化、产品标准化生产及品质保障机制、品牌形象推广、特许经营的市场扩张模式等。麦当劳逐渐形成了具有强烈美国 CI 理论特征的以红黄为基本色调、以 M 为品牌标志的 CI 体系。

吃过麦当劳快餐的人都知道，在任何一个麦当劳店，你所得到的汉堡都是一样的，这就是麦当劳的连锁标准化管理。麦当劳的标准化还体现在整套人力资源管理上，包括如何面试，如何挖掘一个人的潜力，天才是留不住的，员工没有试用期，鼓励员工要永远追求卓越，等等。

麦当劳以其独特的、成功的商业模式获得了世界餐饮第一的地位，吸引了世界的强烈关注，成为人们津津乐道的话题，也促进了麦当劳品牌得以快速传播。

美国企业联合会主席约翰·丹尼曾经说："不仅餐饮企业、零售行业要向麦当劳学标准化，而且所有的企事业单位甚至政府部门，都应该向麦当劳学标准化执行！"标准化的商业模式对企业的发展将会产生重要的意义。

1. 降低成本

标准化的第一作用就是降低成本。标准是企业结合多年的智慧和经验的结晶，代表了企业目前最有效的执行方式，也是最好、最容易、最安全的作业方式或方法。

标准化的执行方式，可以提高企业的生产效率，减少生产过程中的消耗或损耗，减少生产过程中的浪费，间接地降低了生产成本，而产品设计中的标准化推进则能直接地降低企业的生产成本。

2. 便利性和兼容性

大批量生产使商品越来越物美价廉。标准化的生产模式为各行各业都提供了极大的便利性和兼容性。

3. 减少变化

变化是企业管理的大敌，所以，推进标准化就是通过规范企业员工的工作方法，减少结果的变化，在企业内员工的操作是根据作业指导书来进行的。标准化的操作方式，可以保障工作的效率，还能对产品质量提供最有力的保证。

创办你的企业

4. 明确责任

标准化的商业模式可以促进企业更简单的确定问题的责任。在推进了标准化的企业里，如果一项不好的操作就会导致一个问题的出现，企业可以通过操作语言重复这项操作来确定问题的责任，是主管制订的作业指导书不好，还是操作员没有完全按照作业指导书进行操作，明确了责任之后，才可能对今后的工作做出改进与对策。

5. 累积技术

如果一个员工在工作实践中找到了某项工作最佳的方法，却没有拿出来与他人共同分享，那这个方法就随着这个员工的离职而流失了，如果推进标准化就可以让这个好的方法留在公司里面，所以就可以累积技术。

当然，并不是每个企业都适应标准化的商业模式。企业设计商业模式的时候，在借鉴优秀商业模式的同时，也要结合企业自身的情况。

第三节

分析设计商业模式

优秀的商业模式在经济上一定有回报

商业模式是企业的立命之本，对企业非常的重要。任何一个企业和商业项目创立之初，最需要费工夫琢磨和研究的就是商业模式。而一个优秀的商业模式在经济上一定有回报。一个优秀的商业模式要符合 5 个标准：定位准、市场大、扩展快、壁垒高、风险低。

第一是定位。市场定位的核心是要寻找到一个差异化的市场，为这个市场提供满足客户需要的、有价值、独有的产品，让客户愿意为此付费。确立好的市场定位的关键是细分市场，并寻找到能够利用自身优势来满足该细分市场所需要的产品和服务。

在进行目标定位时，企业需要考虑是否进行了差异化的市场分析？是否设计出了客户所需要的产品或服务？是否能够为目标市场和顾客创造价值？是否确定了独特的市场定位？客户是否愿意为产品或服务付费？这是产品设计的核心所在，也是定位分析之后的最重要成果。

第二是市场分析。并不是任何一个细分市场提供了所需的产品或服务就是一个优秀的市场定位。优秀市场定位的关键在于，大规模、持续增长、保持竞争力。因此在做市场分析的时候，要注意是否能满足目标客户重要的基本需求，目标市场规模是否足够大，是否能保证高速增长，如何保证持续性的增长等问题。

第三是收入扩展研究。收入拓展是决定其商业模式快速增长还是平滑缓慢的最关键环节。公司的收入一般取决于客户数量及平均客户贡献两个因素。获取新客户的方法和难易程度、定价策略、客户持续消费与否都影响到公司的收入扩展，因此要想快速增长，就要设计能快速增加付费客户数量的各种策略，或者是提高平均客户贡献额。

一些实践表明：能够大规模迅速扩展客户群的商业模式收入会持续高增长，要远超客户数量增长缓慢但平均客户收入很高的商业模式。因此新增客户速度是否快，客户能否快速大规模复制，是衡量商业模式能否迅速做大规模最关键的因素。

第四是行业壁垒分析。如果一个行业有很高的行业壁垒，那创业者的想法也只能是黄粱一梦；而如果这个行业人人都可以进入，壁垒很小，创业者也一定要慎重考虑自己进入的优势在哪里。优秀的商业模式一定要和自身独有的优势紧密结合。

总之，自己进入时壁垒要低，进入后要能建立起高的壁垒，让竞争者难以进入，这是考虑壁垒因素的重点所在。

第五是考虑风险控制。创业者要评估可能面临的各种风险，如行业监管、行业竞争、潜在替代品、产业链龙头等。当然，评估风险的目的并不是回避所有风险，而是要识别出所有可能的风险，制定相应的应对策略，使得风险能够可控和被管理。几乎所有优秀的商业成功都是冒着很多不确定的高风险取得的。企业要通过有机的规划风险和管理风险来创造商业奇迹。

优秀的商业模式可以概括为"定位要准，市场要大，扩展要快，壁垒要高，风险要低"。一个优秀的商业模式需要考虑的方面有很多，但是这 5 条应该是最基本和最重要的。

创业路上总是布满了各式各样的困难，而其中确立合适的商业模式是面临的困难之一。对于创业的人来说，首先要做的就是保本。在保本的基础上获取赢利，这才是目的。在创业的初期，创业者需要考虑的是，使用何种方式去赢利。而这个商业模式不但要考虑到一些创业者最终目的，更多的是要考虑到这个商业模式和别人相比的优势、遇到突发情况的应变力等。

一个优秀的商业模式既不是一蹴而就的，在实践中也不是一成不变的。随着实践中企业发展的过程变化，商业模式要不断地修正、完善。而且一个已经十分完美成熟的商业模式也许会随着产业环境和竞争态势发生了变化而显得不再适应，因此需要进行新的设计和调整。但是优秀的商业模式在经济上是一定会有回报的。

持续赢利的商业模式才能长久

麦当劳餐厅是全球大型的连锁快餐集团，在世界上大约拥有 3 万间分店，主要售卖汉堡包、薯条、炸鸡、汽水。麦当劳，打败了全世界的竞争者，依靠的是强大的品牌赢利模式！

当戴尔还在大学读书的时候，IBM 已经是蓝色巨人了，但是现在戴尔电脑连续 11 年领跑全世界，它既没有突出的硬件技术，也没有庞大的研发能力，凭什么不断发展而且持续赢利？依靠的就是独特的全价值管理赢利模式！

也许你认为指甲钳太"小气"了吧，指甲钳是很小，但你想过没有，只要有 1/5 的中国人使用你生产的指甲钳，你的利润会有多大？要是全世界 1/5 的人都用你生产的指甲钳呢？如果这样的利润空间还不算大的话，你不妨再想想，普通档次的指甲钳利润空间的确有限，但是如果是高档产品呢？如果是专业化生产的全套指甲修护工具呢？梁伯强就是紧紧抓住指甲钳这个主业不放，在指甲钳上做精做强，借助"非常小气"的指甲钳，使得圣雅伦成了中国第一、世界第三的指甲钳品牌，梁伯强也成为亿万富翁。

一个企业如何实现可持续赢利？这是伴随着企业经济活

动的一个永恒主题。创业者想要在挤满竞争者的荆棘丛中找到一条通幽的捷径，就必须考虑如何维系长期生存与赢利能力的问题。

企业经营者都非常重视赢利。"做大还是做强""得终端者得天下""让执行没有任何借口""拥有一个知名品牌才是核心竞争力"这是很多企业经营者的关心点和挂在嘴巴上的口号；但是在现实的市场上，到处充盈着价格战、促销战、人海战、广告战、模仿战，等等，而企业的经营结局往往是销量增加利润下降、新产品赢利周期越来越短、人员增加费用加大、现金流越绷越紧、亏损面不断加大，不能持续保持赢利的商业模式不可能持久。企业如果不重视持续赢利，衰败甚至死亡只是时间问题！

在商业环境不断变化的今天，如何才能持续赢利？市场和实践证明，商业模式能否持续赢利必须在客户价值和企业价值中获得平衡并且经得起财务模型的考验。

一个可持续赢利的商业模式应该同时包括客户价值和企业价值两个核心内容。其中，客户价值是企业为客户所提供的价值，为客户提供价值是企业存在的基础。一个企业只有为客户创造并提供了价值，企业的生存才有保证，因为企业价值是企业在为客户提供价值的过程中所带来的自身价值。

当然，企业的产业环境、顾客、人才、产品、技术、资源与能力、战略，甚至核心竞争力、领导力、执行力等任何一个因素都影响到企业的持续赢利，但是企业持续赢利的关键是通过为特定顾客创造价值以实现企业价值的一种逻辑方式。因此企业一定要兼顾好客户价值和企业价值。

持续的赢利模式还需要企业的管理，这样才能保持赢利的长久性。一个以追求销量和市场份额的企业，不可能产生全员关心赢利的企业文化，也不可能在日常工作中产生以利润最大化为核心的组织和管理。一个企业仅仅有好的赢利模式还不够，还必须配套基于赢利模式的管理文化与手段。

做到管理赢利模式至少在两个方面实施创新：组织创新和管理创新。组织创新包括：设立赢利总监、赢利经理和赢利专员等职位。管理创新包括：增加利润分析信息系统、赢利知识学习、经常性业务赢利状况分析、个人绩效赢利递增考核系统设计等。总而言之，建立全员赢利文化，创造赢利能力管理手段。

另外，管理赢利模式的关键能力来源于企业对商业活动的独特组织和安排，它可以体现在创新方面如技术研发和工艺创新，也可以体现在经营方式方面如营销、渠道管理、供应链管理等。技术的改变通常会给关键能力带来提升并导致全新商业模式的产生。比如戴尔电脑的直销模式就是通过信息化手段的支持构建了全球供应链管理能力才实现的。其中，供应商库存管理、全球供需平衡、需求管理 3 个关键模块都是通过流程优化和系统支持，构成了全球供应链管理的脊梁。这样的供应链能力使得戴尔在全球个人电脑这一竞争领域内一直处于领先地位。

　　每个企业都是一个复杂的个体，其所处的商业环境不同、客户定位不同、产品与服务的选择不同、拥有的资源不同、对资源的安排也不同。所以，如何实现可持续赢利的问题变得不简单。持续经营靠模式将唤醒经营者们对企业的命门——商业模式的重视、认知和思考，帮助更多经营者掌握识别、规划、评价、创新企业商业模式的知识和技能，以便为企业塑造成功的商业模式，将有助于创业者思考并解开企业持续赢利的奥秘。

成功的商业模式都很简单

　　江南春创立的分众模式很简单。分众传媒通过在电梯门口安装几个显示器，就可以计算浏览量，当安装的显示器足够多的时候，广告平台的价值就凸显出来了，然后就可以寻找企业的广告赞助，实现赢利。这就是分众传媒的基本商业模式。

　　牛根生创立的蒙牛模式很简单。蒙牛乳业就是依靠农户为它养奶牛，然后通过奶站把奶源收上来，再经过工业加工，依靠一些促销手段和广告轰炸，把产品卖光。这就是蒙牛的基本商业模式。

创办你的企业

土豆网作为一个免费播出的媒体平台，其赢利模式也很简单，就是基于广告。当收看土豆网的观众越来越多，他们的群众基础越扎实，吸引到的广告投入就越多，他们赢利也就越多。

团悦网的商业模式也很简单：每天仅团购1件商品或服务，寻找最大折扣的团购品，提成高达 3 ~ 5 成。网站在保证交易双方获益的同时，也可以使自己获得不菲的收入。

成功企业的商业模式都很简单，但那是对已经成功的企业者而言，对于刚创业的人而言可能并不简单。

江南春在电梯门口开发广告牌很简单，但困难的是如何找到广告客户。江南春的模式创新源于他敏锐的目光与思维，他说："现在我们身边到处是电视、平面纸质媒体、户外广告、互联网等这些在大众化生产消费时代出现的、面向广泛受众的传播工具。而市场正在从大众消费向分众行销转型，产品和市场被不断细分与定义，越来越多的企业要求对特定的人群传达自己的产品信息、品牌信息，却发现广告必须通过大众传媒来完成，无法有效区分锁定的目标受众，而且造成大量的广告预算流失在非目标人群中。"同时他发现了一个现象：城市写字楼的精英们乘坐电梯时要经过几分钟的无聊时间。根据测算，等候和乘坐电梯的时间加起来是平均每次 3 分 01 秒，这段无聊的时间正好可以收看平时不愿意看的广告！因此他凭借2500 万元开始了新模式的创业。另外在创办分众传媒之前，江南春曾创办并运营一家叫永怡传播的广告公司，那时这家广告公司的营业额突破1.5个亿，永怡传播也被权威媒体评为"中国十大广告公司"。正是因为有了这样一个客户基础，所以在创办分众传媒之初，他才能迅速找到广告投放客户。

对于蒙牛企业依然是这样。如果没有牛根生在原来中国最大乳制品企业伊利服务那么多年，他不可能对乳制品行业有那么深的认识和了解，更不可能在"身无分文"的情况下，依靠个人信誉在乳制品行业玩起空手道。蒙牛创办初期，连生产车间都没有，而是采取"虚拟经营"的方式，用"人才"换来"资源"。

随着创业成为一种趋势，创业的形式也在不断发生着变化，创业形式层出不穷：网络创业、技术创业、加盟创业、代理创业，等等。但无论外在的表现形式是什么，创业的类型大体可分为两种：销售型创业和技术型创业。认真分析自己的创业方式都需要哪些资源匹配，对比自身所拥有的优势，也许你会清楚哪种方式更适合你去创业。事实上，并不是哪种模式更适合创业，而是你所掌握的资源更适合哪种创业形式，这种匹配才是创业成功的根本！成功创业的关键就是找到自己的核心竞争力。

核心竞争力包括两方面的含义，第一就是你能够做，别人不能做。第二就是你这个核心竞争力要变成你策略的门槛，也

创办你的企业

就是说你的策略会产生不一样的、独特性的价值给你的客户，这样才是真正的核心技术。你的热情是什么？可以废寝忘食地去设计一个网站，或者有一种天生的能力写一篇很好的文章，或者可以做一件交易，或者可以很容易说服别人，等等，这些就是很重要的，别人没有的。所以天生我材必有用，这些都会变成一个非常重要的核心竞争力，是每个人创业的基础，也是创造财富的基础。

对企业而言，若要生存就必须具有一定的核心竞争力，竞争力只存在程度的差别，而不存在有无的问题。核心竞争力是企业的治理、技术、产品、管理、文化的综合优势在市场上的综合反映。企业的资源、知识和技术等只要具有一定优势都可以形成竞争力，如营销竞争能力、研发竞争能力、经营管理的竞争能力、品牌竞争能力等。这些是依托企业核心业务和核心产品而形成的、具有代表性的竞争能力，是一个企业存续和发展的重要基础。而核心竞争力则是核心能力的进一步提升和发展。

企业的竞争力是企业在市场竞争中得以存续和发展所应具备的一般性功能，是企业的比较优势。相对而言，企业核心竞争力必须有资源的独具性，没有独具性就没有区别于他人的优势可言。但现在很多企业这一点都比较欠缺，你开发电子产品，我也跟着上，他开发网络，结果网站铺天盖地，当一个产业整体势败运终时，只能跟着一损俱损。所以，独具性对一个企业的竞争力有着十分重要的作用。但仅有独具性也是不够的，或仅有独具性并不一定能保证企业的竞争优势，还要保持这种独具性的持续优势。如果独具性能够与持续性联系在一起，那么，这种保持持续竞争优势的独具性才是核心竞争力的真谛所在。

当企业有了核心的竞争力，其发展到了一定的程度，商业模式也就愈显得简单。全世界优秀的商业模式都很简单，以最小的投入获取最大的回报。

商业模式越简单越好，要运用傻瓜逻辑，通过最简单的行为营造商业模式，也就是说企业的赢利系统要简单，善于把复杂的事情简单化，就如同手机短信一样，运营商搭建好平台，就有许多人来用，运营商只需等着收钱就行了。

优秀的商业模式要具备自我复制性

管理学大师彼得·德鲁克曾说过："当今企业之间的竞争，不是产品之间的竞争，而是商业模式之间的竞争"。在快速扩张的大潮中，通过兼并和收购等大规模的增长扩展，企业不断地将优秀的商业模式复制到新的企业，成为很多企业做大做强历程中的必经之路。在知识经济成为时代主旋律的今天，沿着一个总结出来的捷径迈向成功，以一套成功的商业模式"打遍天下"的案例更是屡见不鲜。餐饮业的连锁经营就是商业模式复制的典型。

根据 CVSource（投中信息 CVINFO 旗下专业的金融数据产品，为投资经理、证券分析师等金融人士提供市场情报、股权交易、企业财务、行研成果等各个层面的数据、资讯和分析工具）统计，截至 2009 年 2 月 19 日，餐饮行业共发生投资案例 25 起，涉及投资金额 3.97 亿美元。事实上，在中式餐饮企业里，只有 3% 到 5% 的卓越企业能够获得资本投资。究竟什么样的餐饮企业才能获得投资人的青睐？投资专家表示，在餐饮行业，商业模式很容易被复制，资本只对具有"持续差异化"的餐饮企业情有独钟，这些企业一个显著的特征是："把成功的赢利模式不断地复制，同时又不被你的竞争者所模仿。"

中国餐饮业呈现 3 个业态。第一种是中式正餐，比如全聚德和俏江南；第二种是火锅，比如小肥羊；第三种是快餐，比如真功夫、丽华快餐和老娘舅等。但无论是中式正餐、火锅，还是快餐，每一个企业都要经过 3 个阶段——当地经营、连锁经营、产业经营，最后才能进入资本经营，获得资本的青睐。

要获得投资，餐饮企业必须是连锁经营，因为连锁经营的方式易于将这种优秀的商业模式复制开来，而要运营好连锁经营体系就必须培育出优秀的团队。同时，企业市场化运作过程中，要准确定位主流顾客，给主流顾客提供最好的性价比。此外，企业要通过不断地创新延长产品的生命周期。这些做好后，餐饮企业将形成自己的商业模式，一步步按照既定的设置实现区域连锁、跨区域连锁的战略目标，走上做大、做强、做久的道路。

优秀的商业模式在复制的时候，要注意以下几个方面：

1. 一定要有生命力

好的模式才可能打造无数个与"母版公司"一样有竞争力的"复制公司"。戴尔几近完美的直销模式被复制到各个国家，就有力证明了这点。同样，并不是所有的商业模式都能被复制，未成型或缺乏清晰化构成的商业模式即使能够赢利，也不能被成功复制。成熟的商业模式要与它的产品或服务、市场潜力、赢利能力等结合起来考虑。

对规模经济和协同效应的行业来说，通过商业模式复制的方式扩张更直接一些，如家乐福、沃尔玛、国美、苏宁等公司，以规模和统一管理实现了"统购分销"，降低了成本，提高了市场占有率，顺利打造出大销售格局。

2. 必须有一个专业化的管理团队

商业模式的复制过程，是费时费力的专业化和标准化的推广过程，也是知识的拷贝过程，涉及知识管理的多个层面，囊括了知识的收集、梳理、共享、转移等过程，结果体现为系统化、标准化的总体知识再现。专业化的管理团队是使复杂的商业模式迅速从一个公司复制到另外一个公司的有效载体。

3. 必须"本土化"，要落地生根

一个优秀的商业模式能否在新企业落地生根，取决于该模式能否真正本土化。各地生活习惯和消费能力差异较大，企业文化和员工观念也大相径庭。以麦当劳为例，麦当劳公司向顾客提供的核心食品始终只是汉堡包、炸薯条、冰激凌和软饮料等，然后根据不同国家的消费者在饮食习惯、饮食文化等方面存在着的差别稍作变化。正如其培训手册中所说："从一个地方到另一个地方只略微地变动标准菜单。"例如，印度人不吃牛肉汉堡，麦当劳就推出羊肉汉堡；在中国，麦当劳就考虑到消费者的饮食习惯、消费水平等因素，推出了麦乐鸡、麦乐鱼、麦辣鸡腿汉堡、麦香猪柳蛋餐等符合中国消费者饮食习惯的快餐食品。为了降低成本，麦当劳公司还实行了原料生产、采购上的本土化。

一般而言，将商业模式复制到新组建的企业容易些，复制到一些被兼并收购的企业就难些，复制到一些原来具有强势文化的企业更难，所以说，时时培养企业员工接受复制的心态很重要。在实际操作中，可加大对本地员工的培训密度和力度，重用本土化管理人员，尊重原企业合理或成功的历史形成，在此基础上再推行新的模式，实现专业化和本土化的有机结合。

4. 在复制时，必须搭配优秀的职业经理人

经理人是企业中最昂贵的资源，而且也是折旧最快，最需

要经常补充的一种资源。一个合格的职业经理人，是实现"诺曼底登陆"的司令员，不但需要丰富的管理经验，熟悉将要被复制的商业模式，更要能够洞察并把握和商业模式相配套的核心价值观。在复制的初期，优秀的职业经理人往往会接管被改造的企业，操刀新企业推行商业模式的整个过程。从表层看，商业模式中流淌的是业务流、信息流、现金流和物流，实际上流动的是一个企业的核心价值观和理念；从表面上看，制度是硬性的规章规定，实际上体现的是企业作为一个"活性整体"的思考和行为方式。因此，制度和流程的适时调整，都要在优秀的职业经理人的核心价值观指导下进行。

当然优秀的商业模式可以概括为：你做的事，容易复制给你的人，换成傻瓜也能继续做。但别人看得懂，不一定学得来，想模仿却难以做到，这才是有核心竞争力的商业模式。企业家对商业模式的理解，也会有两种途径：

一是先知后行。谋定而后动，起步之初就已经有深思熟虑的长远谋划，有明确价值导向和战略目标，定位清晰，要做的是在实践中校正偏差，修正目标。

二是先行后知。先凭本能和直觉干起来，冲杀多年后渐渐沉淀下自己的商业经验和智慧，在摸清行业内在规律的基础上，形成了自己清晰明确的逻辑思路。

无论是先有鸡，还是先有蛋，最终的结果应该是殊途同归，知行合一。有句话很有意思，战略管理保你长远发展，而商业模式保你生存无忧。研究身边这些企业的商业模式，至少让我们知道怎么才能活着，而商业模式也是通向未来的通行证。资本是通过商业模式的想象空间，来为企业的未来投票，谁拥有了现在，谁才是真正拥有了未来。